頂上決戦！ UMA 未確認生物 最強王決定戦

UMA研究調査隊/編著

西東社

世界UMAカップ開催

出場UMAについて

　世界UMAカップには大会実行委員会が目撃情報をもとに、何度もあしを運んで探しだし、出場を依頼した32のUMA、未確認生物が出場する。

　UMAとは、その正体が生物学的にわからない生きもののことで、恐竜のような姿をしたものや、すでにほろびてしまった生物に似たもの、伝説の生きものに似たもの、宇宙人かと思われるものなど、さまざまな姿やとくちょうをもっている。UMAの研究は、未確認動物学という科学の一分野であり、UMAについての知識や理解を深めることも、この大会開催の目的のひとつだ。

　大会は、特別闘技場でおこなわれるが、この闘技場には、山地、森林、海、湖、草原、砂漠などさまざまな環境が準備されていて、それぞれのUMAの出現地域にあった場所でバトルがおこなわれる。さらに巨大すぎて大会会場の闘技場に入れないUMAについては、会場に入って戦える大きさに変身して出場するルールを採用している。

決勝トーナメント進出を目指す

　世界UMAカップで優勝するためには右の表のトーナメントを勝ちぬかなくてはならない。しかしこの決勝トーナメントに出場できるのは、32UMAの半分、16UMAだけだ。決勝トーナメントの前に、予選のリーグ戦がひかえている。

　予選リーグは、32UMAを8グループに分けておこなわれる。1グループは4UMAで、それぞれが自分以外の3UMA全員と戦い、勝ち負けによって得られるポイント、勝ち点を競う。勝ち点のルールは以下の通りだ。各グループ上位2UMAが決勝トーナメントに進出できる。世界王者になるためには、まずリーグ戦3試合、ついでトーナメント4試合を戦いぬかなければならない。

勝ち点のルール

勝利➡勝ち点2
相手にダメージをあたえ戦闘不能にする
相手の戦闘意欲をうばい降参させる

引き分け➡勝ち点1
たがいにダメージをおい戦闘不能になる
たがいに戦闘意欲をなくし戦いをやめる

敗戦➡勝ち点0
ダメージを受け戦闘不能になる
戦闘意欲をなくし戦いをやめる

外から見た特別闘技場

グループ **A**

グループ **B**

グループ **C**

グループ **D**

グループ **E**

グループ **F**

グループ **G**

グループ **H**

各グループ上位2UMA（計16UMA）が
決勝トーナメント進出

決勝トーナメント

第1試合 ➡P150　第2試合 ➡P152　第3試合 ➡P154　第4試合 ➡P156

1回戦

第1試合 ➡P168　**準々決勝**　第2試合 ➡P170

準決勝 ➡P178

決勝戦 ➡P184

3位決定戦 ➡P182

準決勝 ➡P180

準々決勝
第3試合 ➡P172　第4試合 ➡P174

1回戦

第5試合 ➡P158

第6試合 ➡P160

第7試合 ➡P162

第8試合 ➡P164

グループ **A**

→P11

スカンクエイプ	モラーグ	スカイフィッシュ	モンゴリアン・デスワーム

 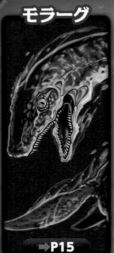  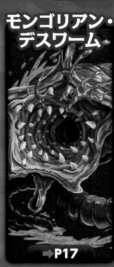

→P14　→P15　→P16　→P17

グループ **B**

→P29

クラーケン	ヨーウィ	フラットウッズ・モンスター	オウルマン

→P32　→P33　→P34　→P35

グループ C ➡P45

リザードマン

➡P48

ツチノコ

➡P49

ネッシー

➡P50

オラン・バッチ

➡P51

グループ D ➡P63

イエティ

➡P66

シーサーペント

➡P67

ドーバーデーモン

➡P68

フライング ヒューマノイド

➡P69

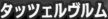 グループ **E**

➡P79

タッツェルヴルム	ビッグバード	チュパカブラ	フロッグマン

➡P82　　➡P83　　➡P84　　➡P85

グループ **F**

➡P97

モンキーマン	モケーレ・ムベンベ	アフール	ドアル・クー

➡P100　　➡P101　　➡P102　　➡P103

➡P113

グループ G

ビッグフット

➡P116

オクトパス・ギガンテウス

➡P117

翼ネコ

➡P118

オゴポゴ
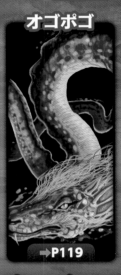
➡P119

➡P131

グループ H

モノス

➡P134

モスマン

➡P135

ラウ

➡P136

ナンディベア

➡P137

大会の6つのルール

1 戦いは1対1で

戦いは1対1でおこなう。なかまをよんだり、ペアで出現し攻撃してくるUMAもいるが、今回は、なかまをよぶことは禁止されている。

2 武器・能力は使用可能

各UMAがふだん使う武器、ワザ、能力などは、戦いのなかで自由に使うことができる。

3 過剰な攻撃は反則

相手がダメージを受け戦いつづけることができなくなったり、戦う意欲をなくして負けをみとめたりした場合、そこで攻撃は中止。それ以上の攻撃をした場合は反則とする。また、相手UMAを殺した場合も反則とする。

4 試合会場・試合時間

試合は「世界UMAカップ専用闘技場」でおこなう。闘技場には、山地、森林、海、湖、草原、砂漠などさまざまな環境があり、各UMAの出現地域にあわせた場所でバトルがおこなわれる。

試合開始時間は抽選で決められた時間とする。夜しか活動しないUMAなどの場合、闘技場を「夜モード」にする。

試合時間は無制限。リーグ戦は「勝利」「引き分け」「敗戦」（基準➡P2）が決定するまで、決勝トーナメントはどちらかが勝利するまで試合をつづける。

5 負傷は回復する

各 UMA がもっている力や能力を十分に出して戦うことができるように、前の試合での負傷は回復するものとする。ただし、精神的なダメージや記憶はこの限りではない。

6 優勝者の栄誉

以下の条件で、予選リーグ各グループ上位 2 UMA に入って決勝トーナメントに進出、さらにトーナメントを勝ちぬいた優勝者には「世界 UMA カップ優勝者」の称号とカップを授与する。

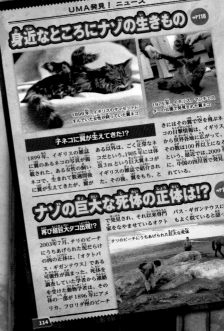

UMA 発見ニュース

UMA 発見！ニュース

身近なところにナゾの生きもの →P118

1899年、イギリスのサマセットにすんでいた女性が負っていた翼ネコ

1975年、イギリス、マンチェスターの公園で発見された翼ネコ

子ネコに翼が生えてきた!?

1899年、イギリスの雑誌に翼のあるネコの写真が掲載された。ある女性の飼いネコで、生まれて数週間後に翼が生えてきたが、翼が

コ以外は、ごく正常なネコだという。1905年には体長3mという巨大翼ネコがイギリスの雑誌で紹介された。その後、翼をもち、と

きにはその翼で空を飛ぶネコの目撃情報は、イギリスから世界各地に広がって、その数は100件以上になるという。最近では、2009年に、中国の四川省で発見されている。

ナゾの巨大な死体の正体は!?

再び超巨大タコ出現!?

2003年7月、チリのビーチにうちあげられた謎だらけの肉の正体は、「オクトパス・ギガンテウス」である可能性が高まった。死体を満喫していた学者から連絡を受けた動物学者は、その死体の一部が1896年にアメリカ、フロリダ州のビーチ

で発見され、それ以来専門家をなやませているオクト

バス・ギガンテウスにもよく似ていると語...

チリのビーチにうちあげられた巨大な死体

114

目撃情報の記録や目撃の歴史などを紹介する「UMA発見! ニュース」でも、出場UMA について知ることができる。

決勝トーナメント進出へのルール

❶ 勝ち点 勝ち点が多い上位 2 UMA が決勝進出

❷ 直接対決 勝ち点が同点の場合、直接対決の勝者が決勝進出

❸ 抽選 勝ち点が同点で、直接対決が引き分けだった場合は抽選で決勝トーナメント進出者や順位を決める

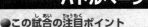
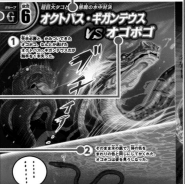

この本の見方

出場 UMA 紹介

- ●UMAが予選を戦うグループ
- ●UMAの名前
- ●有名度のランク
- ●UMAの説明

- ●パラメーター
  5つの能力を5段階であらわしている。
  - ▶パワー
    体の強さ・力の強さ
  - ▶スピード
    動きの速さ・移動の速さ
  - ▶危険度
    おそわれたときの危険度
  - ▶知能
    頭のよさ・かしこさ
  - ▶ワザ
    特別な攻撃方法・攻撃方法の種類の多さ

スカイフィッシュ

超高速で飛んで見えないヤツ

棒のような体の両側にひだのようなものを動かして、超高速で空を飛ぶのがスカイフィッシュだ。時速数百 km で移動するといわれ、目で見ることはできない。かたいものにぶつかっても、何もなかったかのように飛びさっていくので、体当たり攻撃がこわい。

推定データ
長さ：数 cm〜30m
重さ：10g〜2kg

モンゴリアン・デスワーム

毒と電気の二刀流攻撃

名前は「モンゴルの死の虫」。ワームはミミズのように細長くおしりのとがった虫のことで、毒のある植物を食べ、体に毒を取りこむと、毒のようにふんしゃするのと、電気を放って、遠くにいる相手を探すのが得意という。

推定データ
長さ：50〜150 cm
重さ：不明

- ●出現地域
- ●大きさの推定データ
- ●UMAのタイプ（6種類に分けて表示）

| UMAのタイプ | 獣人・類人猿系 | 水中系 | 空中系 | ヘビ・カエル系 | ケモノ系 | ナゾ系 |

バトルページ

- ●この試合の注目ポイント
- ●勝利者
- ●予選のグループ
  決勝トーナメントでは「1回戦」「準々決勝」などが表示される。
- ●戦うUMAの名前
- ●戦いのようす
- ●ワザなどのミニ解説

岩巨大タコと悪魔の水中対決

試合 6 オクトパス・ギガンテウス vs オゴポゴ

① 先手を譲って、かみついてきたオゴポゴ。なんとか逃げたオクトパス・ギガンテウスだが傷を負ってしまった。

② そのまま氷の腕で、体の色をまわりの色と同じにしてかくれた、オゴポゴは姿を見うしなった。

③ オクトパス・ギガンテウスを探すオゴポゴ。しかし、見えないところからたくさんの墨がからみついてきて、オゴポゴの体をしめあげた。

オクトパス・ギガンテウスの勝利！

リーグ戦勝敗表
（リーグ戦のみ）
すでにおこなわれたすべての試合の結果を表示。色がついている部分がこの試合の結果。

●：勝利→2点／▲：引き分け→1点／
×：敗戦→0点

10

家の裏口にUMAが!? →P14

アメリカ、フロリダ州で
撮影されたスカンクエイプ

人がすむすぐそばにスカンクエイプ

2000年の秋、スカンクエイプがアメリカのフロリダ州サラソータ郡で撮影された。老夫婦のすむ家の裏庭にあらわれたときの写真だという。目撃情報は以前から伝えられていたが、この写真が決定的な証拠になったといわれている。しかし逆に写真は「ニセモノ」説もあるんだ。

湖にうつる巨大な黒い影 →P15

目撃者が描いた絵

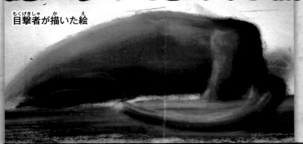

モラーグの体当たり

ネッシーのいるネス湖近くのモラー湖にUMA「モラーグ」がいる。ヨットに乗った人たちが激しい体当たりの攻撃を受けたという。

砂漠の殺人UMAモンゴルの死の虫 →P17

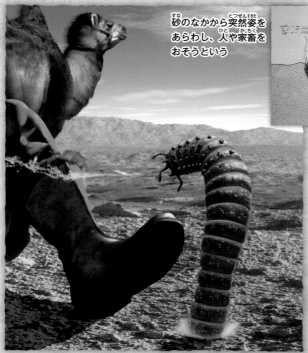

砂のなかから突然姿をあらわし、人や家畜をおそうという

尾から電気、口から毒を出す

存在そのものがナゾ

100年以上前、ゴビ砂漠調査隊の隊員が、見知らぬ生物に攻撃され数百人も死んだという。これが毒と電気を放って人を殺すモンゴリアン・デスワーム伝説のはじまりだ。多くの研究者が調査をつづけているが、確実に存在するのかどうかもいまだにナゾのままだ。

日本でも目撃された空飛ぶ魚 →P16

直接は見られない!?

1994年にメキシコの洞窟で見つかったUMA「スカイフィッシュ（空飛ぶ魚）」。あまりに高速で飛ぶため、ビデオのスロー再生でしかその姿が見られないという。その後世界各地で目撃され、日本では2007年に、

防犯カメラにうつった姿

兵庫県の六甲山で、車のガラスにぶつかり、飛びさる姿が撮影されている。

最初に見つかったメキシコのたて穴洞窟ゴロンドリナス洞窟

獣人・類人猿系

有名度
B
ランク

パワー
ワザ スピード
知能 危険度

スカンクエイプ

ループ
A

出現地域

フロリダ

アメリカ

推定データ

▶体長:約2m
▶体重:150kg以上

強烈なにおいと凶暴な性格

「スカンク」の名前のとおり、目を開けていられないほど刺激の強い、ものすごくクサいにおいを放つ。見た目はオランウータンに似ているが、体長約2m、あしの大きさは35〜45㎝もある。長いうでと、するどいキバをもち、

A モラーグ

パワー
ワザ　　　　スピード
知能　　　危険度

水中系

有名度
C
ランク

巨大な影からブキミな声が

「湖の精霊」を意味する「モラーグ」と名づけられたのは、スコットランドのモラー湖に出現した、首長竜に似た生きもの。湖面に巨大な黒い影がうつり、人が近づくと大きくブキミな声をあげるという。陸にあがった姿を目撃した人も多く、ゾウよりも大きな体をしているという。

推定データ
▶体長：12〜15m
▶体重：不明

スカイフィッシュ

空中系

有名度
A
ランク

パワー
ワザ　　スピード
知能　　危険度

出現地域

ゴロンドリナス
洞窟

メキシコ

推定データ

▶体長：数 cm〜30m

▶体重：10g〜20kg

超高速で飛ぶ見えないヤツ

棒のような体の両側にある、ヒレのようなものを動かして、
超高速で空を飛ぶのがスカイフィッシュだ。時速数百kmで
移動するといわれ、目で見ることはできない。かたいもの
にぶつかっても、何もなかったかのように飛びさっていく

モンゴリアン・デスワーム

ヘビ・カエル系

有名度
B
ランク

パワー

ワザ　　　スピード

知能　　危険度

出現地域

モンゴル

ゴビ砂漠

毒と電気の二刀流攻撃

名前は「モンゴルの死の虫」。ワームはミミズのように細
長くあしのない虫のこと。毒のある植物を食べ、体に毒を
取りこんで、霧のようにふんしゃするのと、電気を放って、
遠くにいる相手を殺すのが得意というおそろしい生きもの
だ。砂漠の砂のなかにかくれ、急におそってくるという。

推定データ

体長：50〜150㎝
体重：不明

たがいに初顔合わせ、相手の武器を見やぶれるか

スカンクエイプ VS モラーグ

① 突然湖からとびだしたモラーグ。

長い首をスカンクエイプにたたきつけようとする。

ウリャァァァ

ギィィィッ

ガイッ

ヒイィィィ

グイニ

② スカンクエイプは間一髪で攻撃をかわすと、必死で長い首にしがみついた。

③ そして、強烈にクサイにおいを放った。
モラーグはたえきれずにキゼツしてしまった。

スカンクエイプは敵にであうと、目を開けて
いられないほど強力なクサイにおいで攻撃する。

スカンクエイプ
勝利

バトル 結果	初戦はスカンクエイプが勝ち点2				
	スカンク エイプ	モラーグ	スカイ フィッシュ	モンゴリアン・ デスワーム	勝ち点
スカンクエイプ	—	●2			2
モラーグ	×0	—			0
スカイフィッシュ			—		0
モンゴリアン・デスワーム				—	0

空飛ぶ相手にモンゴリアン・デスワームがいどむ

モンゴリアン・デスワーム
vs スカイフィッシュ

シュバッ

シュバッ

ギョアアア‼

ブシュー

ブシュー

ヒュー

ン

①

スカイフィッシュが高速で飛びまわる。あまりのスピードに目で追うこともできない。スカイフィッシュは時速数百 km の速さで飛ぶことができる。

②

モンゴリアン・デスワームは砂から出てきて、やたらに毒液をはきかけるが、すばやいスカイフィッシュにすべてかわされる。

③ しかし、すべてかわしたと思った毒液だが、霧状になって空気中をただよっていた。スカイフィッシュはじょじょに毒にやられ、ついらくしていった。

ヒュルルル…

キキ

キキ

モンゴリアン・デスワーム
勝利

バトル結果	モンゴリアン・デスワームが1勝した				
	スカンクエイプ	モラーグ	スカイフィッシュ	モンゴリアン・デスワーム	勝ち点
スカンクエイプ	―	●2			2
モラーグ	×0	―			0
スカイフィッシュ			―	×0	0
モンゴリアン・デスワーム			●2	―	2

初戦負けた同士が勝ち点を争う

スカイフィッシュ VS モラーグ

① 湖にうかびあがるモラーグを見つけたスカイフィッシュ。

ギュン

ガッ

ガッ

ギュン

ガッ

目にもとまらぬ速さで高速体当たりした。

② ダメージを受けて、たおれこむモラーグ。

ギュバ

ギョオオオ…

しかし、大きな体にまきこまれ、スカイフィッシュも下じきに！

引き分け

バトル結果	勝ち点1と2にきれいに分かれた				
	スカンクエイプ	モラーグ	スカイフィッシュ	モンゴリアン・デスワーム	勝ち点
スカンクエイプ	—	●2			2
モラーグ	×0	—	▲1		1
スカイフィッシュ		▲1	—	×0	1
モンゴリアン・デスワーム			●2	—	2

ともに勝ち点をふやし上に立ちたい
モンゴリアン・デスワーム VS スカンクエイプ

1 先手必勝ととびかかるスカンクエイプだが、モンゴリアン・デスワームは砂のなかに逃げこんだ。

モンゴリアン・デスワームは砂のなかを自由に移動できる。

2 あたりをキョロキョロするスカンクエイプの後ろからするどいキバがおそいかかった！

モンゴリアン・デスワーム 勝利

バトル結果	スカンクエイプ	モラーグ	スカイフィッシュ	モンゴリアン・デスワーム	勝ち点
スカンクエイプ	―	● 2		× 0	2
モラーグ	× 0	―	▲ 1		1
スカイフィッシュ		▲ 1	―	× 0	1
モンゴリアン・デスワーム	● 2		● 2	―	4

モンゴリアン・デスワームが一歩リード

A 試合 **5**

勝利のないモラーグは勝ち点がほしい

モンゴリアン・デスワーム VS モラーグ

① モラーグは毒をけいかいし、大きな口でモンゴリアン・デスワームをくわえ、湖にひきずりこんだ。

グボゴボゴボゴボ‥‥‥

ギュルン

② そのまま長い首をしならせ、今度は空高くほうり投げた。

キョ
エェェェ‥‥‥

ザバァァ

③ しかし、湖から外へ出したのが失敗だった。モンゴリアン・デスワームは、空中から雷のようにモラーグに電撃を落とすと、自分はよゆうで湖に着水した。

ピシャーン

バリバリバリ

ギャァァァ

モンゴリアン・デスワームは尾から電気を放ち、はなれたところにいる相手を感電させる。

モンゴリアン・デスワーム 勝利

バトル結果	モンゴリアン・デスワームが1位通過を決める				
	スカンクエイプ	モラーグ	スカイフィッシュ	モンゴリアン・デスワーム	勝ち点
スカンクエイプ	—	●2	×0	×0	2
モラーグ	×0	—	▲1	×0	1
スカイフィッシュ	×0	▲1	—	×0	1
モンゴリアン・デスワーム	●2	●2	●2	—	6

勝ったほうが決勝へ進める最終戦

スカイフィッシュ VS スカンクエイプ

ギャギャ

ジャーン

① 試合開始と同時にとびかかるスカンクエイプ。
スカイフィッシュは、空中にのがれた。

②
強烈にクサイにおいを出しているので
うかつには近づけないだろうと
スカンクエイプは安心してしまった。

③ しかし油断は禁物だった。スカイフィッシュには、鼻がなかったのだ！高速体当たりが、スカンクエイプの体を直撃した。

バトル結果	スカイフィッシュが逆転で決勝へ				
	スカンクエイプ	モラーグ	スカイフィッシュ	モンゴリアン・デスワーム	勝ち点
スカンクエイプ	―	●2	×0	×0	2
モラーグ	×0	―	▲1	×0	1
スカイフィッシュ	●2	▲1	―	×0	3
モンゴリアン・デスワーム	●2	●2	●2	―	6

結果発表

決勝進出！

① モンゴリアン・デスワーム

3連勝で勝ち点6
無敗で予選リーグを通過

② スカイフィッシュ

1勝1敗1引き分けで勝ち点3
最後にギリギリで決勝進出

バトル最終結果	スカンクエイプ	モラーグ	スカイフィッシュ	モンゴリアン・デスワーム	勝ち点
スカンクエイプ	ー	●2	×0	×0	2
モラーグ	●0	ー	▲1	×0	1
スカイフィッシュ	●2	▲1	ー	×0	3
モンゴリアン・デスワーム	●2	●2	●2	ー	6

予選落ち

スカンクエイプ

1勝2敗で勝ち点2
3位で決勝に進めず

モラーグ

1引き分け2敗で勝ち点1
予選リーグ最下位に

グループAの戦い

毒と電撃という2種類の武器をもつモンゴリアン・デスワームが圧倒的な強さを見せつけた。スカイフィッシュは、鼻がなく、スカンクエイプのにおい攻撃がきかなかったため決勝進出を決めた。

3000人以上の人が目撃!?

➡P33

1980年代にヨーウィの目撃情報が多かった山地

オーストラリアの獣人ヨーウィ

古くは1795年、ヨーロッパからやってきた人たちが獣人ヨーウィを目撃したのが最初の記録だが、それ以前から先住民族アボリジニの間でも、ヨーウィはよく知られていたという。現在まで3000件以上の目撃例があり、証言をもとに描かれたイラスト、採取されたあしあと、写真などがある。

1912年、目撃者の証言にもとづいて描かれ新聞に掲載されたヨーウィのイラスト

目撃者の証言をもとに描かれた絵

フシギな姿が人気!

➡P34

フラットウッズ・モンスター

1952年、アメリカのウエストヴァージニア州にあらわれたフラットウッズ・モンスター。ナゾの飛行物体と同じ日に目撃されたこともあり、フシギな姿のイラストとともに多くの新聞やテレビにとりあげられた。出現はほぼこの1回だけだが、日本ではその身長から「3メートルの宇宙人」とよばれ人気が高い。

400年も船をおそいつづける!?

→P32

クラーケンとクラーケンをとらえよう
としたフランス海軍の船

船乗りがおそれる伝説のUMAクラーケン

北ヨーロッパの海で、昔から船をおそいつづけてきたUMAがクラーケン。広く知られるようになったのは1600年代にデンマーク人が書いた本で紹介されてからだ。1861年にはフランス海軍の船が、クラーケンと思われる7m以上の触手をもち、皿のような目をした巨大なイカに似た生物をとらえようとしたが、触手のほんの先だけしか手に入れられなかっという。

少女たちが見たオバケ鳥！

→P35

14歳の目撃者が描いた絵と証言

I saw this monster
bird last night. It
stood like a man,
then it flew up
through the trees.
It is as big as a man. Its eyes are red and
shine brightly.
Sally Chapman 4/7/76.

10代の少女の前にだけ姿をあらわすオウルマン

たびたびオウルマンが目撃されたモウマン村の教会

1976〜78年にイギリスのコーンウォール州で目撃されたのが、人とフクロウがまざったようなUMA、オウルマンだ。目撃した何人もの少女たちが、その絵を描き、文章をそえて記録をのこしている。

クラーケン

B

ループ

水中系

パワー
ワザ　　　　スピード
知能　　　　危険度

有名度
A
ランク

出現地域

ヨーロッパ各地の海

推定データ

▶体長：約2.5km
▶体重：不明

超巨大な「海の悪魔」

クラーケンは、北ヨーロッパの海を中心に出現する超巨大生物で、その大きさは海にうかぶ「小島」のようだという。イカかタコのように、長い触手をのばして、人や船を海にひきずりこむ。そのため出現した海には「幽霊船」が出ると

ヨーウィ

パワー
ワザ　　　スピード
知能　　危険度

獣人・類人猿系

有名度
A
ランク

大昔の人類の生きのこり!?

目撃情報が 3000 件をこえる、オーストラリアで最も有名な UMA。毛むくじゃらな獣人で、2本あしで歩き、石器などの道具を使うという。頭が両肩にめりこんでいるので、歩くときは前かがみになる。約 100 万年前の人類

出現地域

オーストラリア

南東部一帯

推定データ

▶体長：1.5〜3m

▶体重：80〜200kg

ナゾ系

フラットウッズ・モンスター

グループ

B

有名度
B
ランク

パワー

ワザ　　　　　　スピード

知能　　　危険度

出現地域

アメリカ
ウエストヴァージニア州
フラットウッズ

推定データ

▶体長：3m
▶体重：不明

生物なのか宇宙人なのか…

アメリカの小さな町フラットウッズにあらわれた。頭にスペード型のものをかぶり、オレンジに光る目、緑色のワンピースのようなものを着て、すそからシューシューとガスを出す。宙にうき、すべるように動いたという。同じ日に

オウルマン

ワザ　パワー　スピード
知能　危険度

空中系

有名度
C
ランク

フクロウと人間がまざった姿!?

1976年、イギリスでふたりの姉妹が、巨大な生きもの「オウルマン（フクロウ男）」が空を飛んでいるのを目撃した。このUMAは上半身はフクロウだが、大人の人間くらいの大きさがあり、とがった耳と真っ赤に光る目、するどいツメをしている。夜の闇のなかを音もなく近づいてくるぞ。

出現地域

イギリス
コーンウォール州

推定データ

▶体長：約2m
▶体重：5kg

試合 1

大きなヨーウィに、空からどんな攻撃をしかけるのか

オウルマン vs ヨーウィ

オウルマンの羽にはフクロウと同じギザギザのやわらかい羽があり、静かに飛ぶことができる。

① オウルマンは音もなく空中を飛びまわり、ヨーウィの後ろからツメで攻撃した。

② しかし長い毛のおかげで、攻撃はヨーウィの体までとどかなかった。オウルマンは急いで空へ逃げようとする。

ヨーウィは全身を長さ15cmもの毛におおわれている。

③ ところが毛がツメにからみつき、空中にもどれない！
もがいているオウルマンをヨーウィがはたき落とした。

バトル結果	フラットウッズ・モンスター	ヨーウィ	オウルマン	クラーケン	勝ち点
まずはヨーウィが勝ち点を得る					
フラットウッズ・モンスター	—				0
ヨーウィ		—	●2		2
オウルマン		×0	—		0
クラーケン				—	0

連勝して勢いをつけたいヨーウィ

フラットウッズ・モンスター VS ヨーウィ

① 空中をただようフラットウッズ・モンスターに、ヨーウィが大きな石を投げつける。

② フラットウッズ・モンスターは石をひらりとかわし、空からガス攻撃をしかけた。

フラットウッズ・モンスターはワンピースのすそからガスを出す。

フラットウッズ・モンスター 勝利

バトル結果	フラットウッズ・モンスター	ヨーウィ	オウルマン	クラーケン	勝ち点
	勝ってヨーウィにならんだ				
フラットウッズ・モンスター	―	●2			2
ヨーウィ	×0	―	●2		2
オウルマン		×0	―		0
クラーケン				―	0

水中の相手に空から戦うオウルマン

オウルマン vs クラーケン

① ク.ラーケンの攻撃がとどかないよう
空中を飛びまわるオウルマン。
攻撃のチャンスをうかがう。

ザバッ

オシッ

② しかし、クラーケンの長い触手は
オウルマンの予想をはるかに
こえていて、あっさりとつかまった。

クラーケン
勝利

バトル結果	クラーケンも勝ち点2をゲット				
	フラットウッズ・モンスター	ヨーウィ	オウルマン	クラーケン	勝ち点
フラットウッズ・モンスター	—	●2			2
ヨーウィ	×0	—	●2		2
オウルマン		×0	—	×0	0
クラーケン			●2	—	2

今大会初の空中戦はどうなる!?
フラットウッズ・モンスター vs オウルマン

① 空中を音もなく飛びまわるオウルマンと、すべるように動くフラットウッズ・モンスター。どちらも相手の背後をとろうと移動する。

② しかし、おたがいかくれながら、木の間をグルグル移動するうちにどちらも相手を見うしなってしまった。

引き分け

バトル結果	引き分けで1点ずつゲット			
	フラットウッズ・モンスター	ヨーウィ	オウルマン	クラーケン	勝ち点
フラットウッズ・モンスター	—	●2	▲1		3
ヨーウィ	×0	—	●2		2
オウルマン	▲1	×0	—	×0	1
クラーケン			●2	—	2

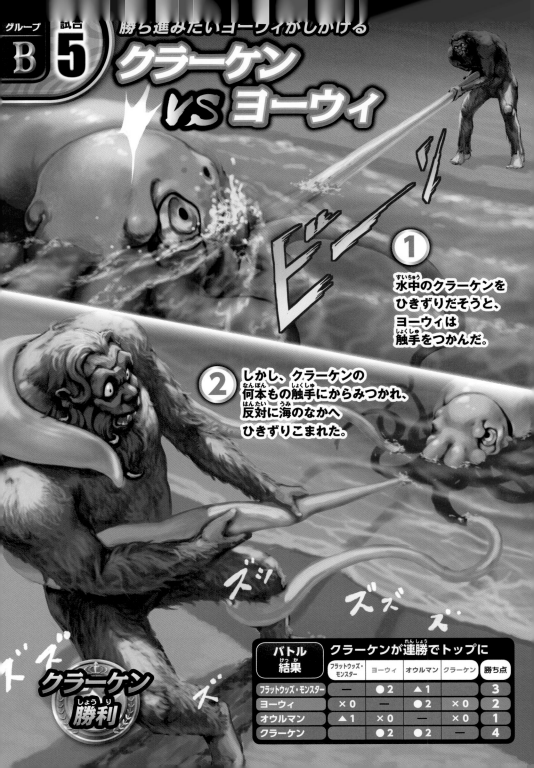

勝ち進みたいヨーウィがしかける

クラーケン vs ヨーウィ

①
水中のクラーケンを
ひきずりだそうと、
ヨーウィは
触手をつかんだ。

②
しかし、クラーケンの
何本もの触手にからみつかれ、
反対に海のなかへ
ひきずりこまれた。

クラーケン
勝利

バトル結果	クラーケンが連勝でトップに				
	フラットウッズ・モンスター	ヨーウィ	オウルマン	クラーケン	勝ち点
フラットウッズ・モンスター	—	●2	▲1		3
ヨーウィ	×0	—	●2	×0	2
オウルマン	▲1	×0	—	×0	1
クラーケン		●2	●2	—	4

勝ったほうが1位で予選リーグ通過！

フラットウッズ・モンスター VS クラーケン

① 空中を移動する
フラットウッズ・モンスターを
クラーケンが長い触手で
つかまえた。

② クラーケンにしめあげられながらも、力を
ふりしぼって目から強力な光を発する。

フラットウッズ・モンスターは大きな目から
光を出すことができる。

③ 光にひるんだクラーケンに、ガス攻撃をするフラットウッズ・モンスター。しかし、どちらも力を使いはたし、共だおれとなった。

モクモク

フラットウッズ・モンスターはワンピースのすそからガスを出す。

プシュー…

ふらり

引き分け

バトル結果	フラットウッズ・モンスター	ヨーウィ	オウルマン	クラーケン	勝ち点
クラーケンが1点のリードを守った					
フラットウッズ・モンスター	—	●2	▲1	▲1	4
ヨーウィ	×0	—	●2	×0	2
オウルマン	▲1	×0	—	×0	1
クラーケン	▲1	●2	●2	—	5

結果発表

決勝進出!

① クラーケン

2勝1引き分けで勝ち点5
どうどう1位でリーグを通過

② フラットウッズ・モンスター

1勝2引き分けで勝ち点4
引き分け点で決勝進出

バトル最終結果	フラットウッズ・モンスター	ヨーウィ	オウルマン	クラーケン	勝ち点
フラットウッズ・モンスター	—	●2	▲1	▲1	4
ヨーウィ	×0	—	●2	×0	2
オウルマン	▲1	×0	—	×0	1
クラーケン	▲1	●2	●2	—	5

予選落ち

ヨーウィ

1勝2敗で勝ち点2
3位で決勝に進めず

オウルマン

1引き分け2敗で勝ち点1
リーグ最下位にしずむ

グループBの戦い

巨体と力をいかし、長い触手をのばして、相手を海にひきずりこむ作戦で勝利したクラーケン。クラーケンと引き分けたフラットウッズ・モンスターはガス、目から光を放つなど多彩な攻撃を見せた。

戦いが
はじまる！

予選リーグ

C

→P52
ネッシー
VS
リザードマン

→P60
ネッシー
VS
ツチノコ

オラン・バッチ
VS
ツチノコ
→P54

→P58
オラン・バッチ
VS
リザードマン

→P56
リザードマン
VS
ツチノコ

オラン・バッチ
VS
ネッシー
→P57

日本を代表するUMA →P49
ツチノコのナゾを探る

→P49

手配書「つちのこ」

『つちのこ』とは？
・体長 30cm～80cm位

生け捕り 賞金二〇〇七万円

この先30m！「つちのこ」発見現場 →

岡山県赤磐市にある手配書。生け捕り賞金はなんと2007万円！

6000年前に出現!?

ツチノコとしての最初の記録は、今から1300年以上前。日本最古の歴史書『古事記』に登場している。しかしそれよりずっと昔、約6000年前の縄文土器に、まるでツチノコの姿をかたどったようなかざりがつけられているんだ。

生け捕りにすると賞金が出る!?

1959年、ツチノコとバッタリ出会ったという記事が雑誌にのったことをきっかけに、テレビなどでもとりあげられ、ツチノコブームがおきた。1988年ころから再び目撃情報がふえ、第2次ブームに。とくに目撃例の多い地域では、町や村の宣伝をかねて、ツチノコ生け捕りに高額の賞金をかけ、話題になった。また岐阜県の東白川村では、毎年「つちのこ捜索大作戦」を中心にしたイベントを開いている。ツチノコのナゾには、多くの人をひきつける力があるようだ。

◀ 1989年より、東白川村で毎年おこなわれている「つちのこフェスタ」

▶ フェスタのキャラクター「つっちー」と「のこりん」

世界一有名なUMA  →P50
ネッシーを愛する人たち

1977年に撮影されたネッシーのカラー写真

ネッシーランド・キャッスルにある像

調査・研究する人

スコットランドのネス湖にすむUMA、ネッシーの最初の目撃情報は、今から100年以上前のこと。1933年には史上初のモノクロ写真、1960年には泳ぐネッシーの映像、1977年にはカラー写真が撮影され、ネッシーはどんどん有名になっていった。現在までの、目撃情報は4000件をこえ、ネッシーのナゾを解明するために、大がかりな調査をおこなうネッシー研究団体もある。

ネッシーの世界を楽しむ人

ネス湖の近くにはネッシーの博物館「ネス湖エキシビジョンセンター」と、巨大なネッシーの像があるテーマパーク「ネッシーランド・キャッスル」がある。ここでは船でネス湖をめぐるネッシーウォッチもあり、もし運が悪くてネッシーが見つからなくても、船長が撮影したネッシーの写真を買うことができるのだ。

LOCH NESS　EXHIBITION

ネッシーに関するさまざまな資料やグッズなどが展示されているネス湖エキシビジョンセンター

リザードマン

パワー
ワザ　　　スピード
知能　　　危険度

ヘビ・カエル系

有名度
B
ランク

推定データ
▶体長：2m
▶体重：220kg

進化した人型ハチュウ類!?

リザードマン（トカゲ男）は、アメリカ、サウスカロライナ州の湿地帯に出現するUMA。全身が緑のウロコにおおわれ、顔はトカゲに似ていて、2本あしで歩く。知能が高く、手先が器用といわれ、人がおそわれた例も多い。恐竜が人型に進化したハチュウ類という説もある。

出現地域

アメリカ

サウスカロライナ州
ビショップビル湿地帯

ツチノコ

ヘビ・カエル系

有名度
A
ランク

パワー

ワザ　　　　　スピード

知能　　危険度

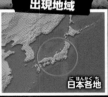

日本各地

太くて短い毒ヘビのよう

「ビールびんのような形」といわれ、頭はヘビだが、胴の部分は、ヘビより太くて短い。その先の細くて短い尾をたくみに使って、立ちあがったり、ジャンプしたりする。すばやい動きと最大5mともいわれるジャンプ力でおそい、敵にかみついて猛毒でしとめるぞ。

推定データ
体長：30〜80 ㎝
体重：不明

49

ネッシー

水中系

有名度
A
ランク

出現地域

スコットランド
ネス湖

イギリス

推定データ

▶体長：約10m
▶体重：不明

パワー

ワザ — スピード

知能 — 危険度

水中から顔を出すのはなぜ!?

長い首と大きなヒレ、巨大な体をもつネッシー。ひふはくすんだ灰色で、頭は小さい。ふだんは水中にいて、ときどき水面から顔を出す。このため水中では呼吸ができず、顔を出して息をしているという説があり、これが首長竜プレシオサウルスの生きのこりとされる理由のひとつなんだ。

オラン・バッチ

空中系

有名度
C
ランク

パワー
ワザ
スピード
知能
危険度

マルク諸島

インドネシア

子どもをおそうコウモリ人間!?

体は人型、顔は人にもサルにも似ている。その最大のとく
ちょうは、コウモリのような翼をもっていることだ。昼は
山の奥の洞窟にいて、夜になると人のいる場所に飛んでき
て、子どもをさらって食べるという。インドネシアのセラ

推定データ

体長：約1.5m

体重：20kg

世界一有名なUMAネッシーが初戦に登場!

リザードマン vs ネッシー

① 先手必勝とリザードマンが突進する。ネッシーは大きなヒレでガードした。

② バランスをくずしころんだリザードマン。そのうでにネッシーがかみついた。

げぇ!?

③ しかし、これはリザードマンの ワナだった。かたいウロコに ネッシーのキバがささって ぬけなくなった。

リザードマンは もう片方の手で ネッシーを思いきり ひっかいた。

リザードマン
勝利

バトル結果	まずはリザードマンが1勝した				
	リザードマン	オラン・バッチ	ネッシー	ツチノコ	勝ち点
リザードマン	—		●2		2
オラン・バッチ		—			0
ネッシー	×0		—		0
ツチノコ				—	0

試合 2

日本のUMAツチノコ登場

オラン・バッチ VS ツチノコ

1

すばやい動きでとびかかるツチノコ。
しかし、オラン・バッチはラクラクと
空中にのがれた。

2

そして、地上にいるツチノコを
頭上からバカにした。

③ おこったツチノコはしっぽの力で高くジャンプ！ オラン・バッチのあしにとどき、強くかみついた。

ツチノコは高いジャンプ力をもち、最大5mほどとびあがることができる。

バトル結果	ツチノコ勝利でリザードマンにならぶ				
	リザードマン	オラン・バッチ	ネッシー	ツチノコ	勝ち点
リザードマン	—		●2		2
オラン・バッチ		—		×0	0
ネッシー	×0		—		0
ツチノコ		●2		—	2

ツチノコ勝利

C3 リザードマン vs ツチノコ

トカゲとヘビのハチュウ類対決

① 高い知能をもつリザードマンは、ツチノコの大好物である日本酒をワナにした。

にやにや

ぷはー

リザードマンは人間なみの頭脳をもつという。

ドン

ゲプウ!!

② まんまとひっかかり、よっぱらったツチノコをリザードマンが思いきりふみつけた。

リザードマン勝利

バトル結果

作戦勝ちのリザードマンが一歩リード

	リザードマン	オラン・バッチ	ネッシー	ツチノコ	勝ち点
リザードマン	―		●2	●2	4
オラン・バッチ		―		×0	0
ネッシー	×0		―		0
ツチノコ	×0	●2		―	2

グループ
C

試合 4

1敗同士、どちらも勝ちたい!

オラン・バッチ vs ネッシー

① オラン・バッチが上空からネッシーの首にとびつき、しめあげた。

!!

② しかしネッシーは苦しみながらも湖にもぐりこみ復活。オラン・バッチはおぼれてしまった。

ネッシー
勝利

バトル結果	ネッシーが初勝利をかざる				
	リザードマン	オラン・バッチ	ネッシー	ツチノコ	勝ち点
リザードマン	—		●2	●2	4
オラン・バッチ		—	×0	×0	0
ネッシー	×0	●2	—		2
ツチノコ	×0	●2		—	2

1勝は決めたいオラン・バッチ

オラン・バッチ VS リザードマン

ビクッ

①

凶暴なリザードマンは、
試合開始と同時に、いきなり
オラン・バッチにとびかかる。

ひらり

ビターン

②

しかしオラン・バッチはよゆうで
空中へ逃げ、バランスをくずして
よろけたリザードマンを
ツメでひっかいた。

③ だが、リザードマンのかたい
ウロコには傷もつかない。
そして強力なツメが
オラン・バッチを
返り討ちにした。

リザードマンのツメは自動車の
ボディをつらぬくほど強力だ。

リザードマン 勝利

バトル結果	オラン・バッチ無念の全敗				
	リザードマン	オラン・バッチ	ネッシー	ツチノコ	勝ち点
リザードマン	—	●2	●2	●2	6
オラン・バッチ	×0	—	×0	×0	0
ネッシー	×0	●2	—	×0	2
ツチノコ	×0	●2	×0	—	2

有名なUMA同士が予選突破を目指す

ネッシー VS ツチノコ

① 大きなヒレを使い、ツチノコに激しい攻撃をくりだすネッシー。ツチノコはかわすのに必死だ。

② つかれて動きが止まったツチノコ。

巨大なネッシーは大きな口を開けて、ラクラクとかみつこうとする。

③ そのとき、ツチノコは
小さな体をいかし、ネッシーの
口のなかにとびこんだ。

グ
ォ
ォ
ォ
ォ
ッ

内側からのどにかみつかれ、
ネッシーはたおれた。

バトル 結果	ツチノコが決勝へコマを進めた				
	リザード マン	オラン・ バッチ	ネッシー	ツチノコ	勝ち点
リザードマン	—	●2	●2	●2	6
オラン・バッチ	×0	—	×0	×0	0
ネッシー	×0	●2	—	×0	2
ツチノコ	×0	●2	●2	—	4

ツチノコ
勝利

決勝進出!

①リザードマン

3連勝で勝ち点6
無敗で予選リーグを通過

②ツチノコ

2勝1敗で勝ち点4
小さな体で決勝進出

バトル最終結果	リザードマン	オラン・バッチ	ネッシー	ツチノコ	勝ち点
リザードマン	—	●2	●2	●2	6
オラン・バッチ	×0	—	×0	×0	0
ネッシー	×0	●2	—	×0	2
ツチノコ	×0	●2	●2	—	4

予選落ち

ネッシー

1勝2敗で勝ち点2
有名UMAも決勝に進めず

オラン・バッチ

3連敗で勝ち点0
1勝が遠かった

グループCの戦い

高い知能で、自分の武器をいかし、敵の弱みをつく作戦を立てたリザードマンが、無敗の強さを見せた。日本の有名UMAツチノコが2位に入るも、世界の有名UMAネッシーは予選で姿を消した。

→P70

ドーバーデーモン
VS
シーサーペント

→P76

フライング
ヒューマノイド
VS
イエティ

戦いが はじまる！

予選リーグ

D

ドーバーデーモン
VS
イエティ

→P75

シーサーペント
VS
イエティ

→P72

→P73

フライング
ヒューマノイド
VS
シーサーペント

フライング
ヒューマノイド
VS
ドーバーデーモン

→P74

ヒマラヤの雪のなかに出現 →P66
探検家が探し求めたイエティ

寺院にまつられていた
イエティの頭の皮と手の骨

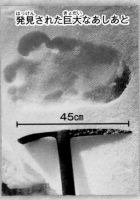

発見された巨大なあしあと

45cm

イエティ探検隊出発！

世界一高い場所、ヒマラヤ山脈では、イエティとよばれるナゾの獣人が何度も目撃されている。1951年にはイギリスの登山家が、高さ6000mの場所で発見した巨大なあしあとの写真を発表。これをきっかけに多くの探検家がイエティを探しにヒマラヤへ向かった。日本からも1959年に雪男探検隊が出発している。

イエティはヒグマ！？

ヒマラヤの寺院にイエティの頭の皮や手の骨がまつられていたほか「イエティの毛」も発見されている。この毛を調べ、イエティとホッキョクグマに共通点がある説や正体はヒマラヤヒグマ説も発表されている。イエティはヒグマかもしれない……でも、まだすべてナゾがとけたわけではない。

街の名前をもつUMA →P68

目撃者が描いた記録

ドーバーだけに出現したデーモン！？

1979年の春、アメリカ、マサチューセッツ州のドーバーという街に出現したのがドーバーデーモン。最初の目撃例では、住宅のへいの上にいたという。1か月足らずで目撃情報がとだえドーバー以外には姿をあらわさなかったため「ドーバーの悪魔」と名づけられた。

世界の海はつながっている!? →P67
——各地の海に姿をあらわすシーサーペント

1964年、オーストラリアのクイーズランド州付近の海で撮影された、体長およそ20mのシーサーペントの写真

時間も地域もこえて

UMAのなかで最も目撃例が多いといわれるシーサーペント。古くは、2400年ほど前、ギリシアの哲学者アリストテレスが船をおそう巨大な海ヘビについて書いている。その後もヨーロッパ、アメリカ、南アメリカなどに数々の絵や文字の記録があり、1964年にはカラー写真も撮影された。

1875年にブラジルで描かれたクジラをおそうシーサーペント

世界の空もつながっている!? →P69

メキシコからはじまったフライングヒューマノイド

1999年、メキシコのメキシコシティー近くで最初に目撃されたフライングヒューマノイドも、その後、世界各地に目撃例が広がっている。メキシコを中心に、アメリカやロシア、日本の東京上空などでも目撃情報がある。世界の空をめぐって、何をしているのか…。

都会の空にうかぶ

イエティ

獣人・類人猿系

パワー
ワザ　スピード
知能　危険度

有名度
A
ランク

出現地域

ネパール

ヒマラヤ山脈

推定データ
▶体長：1.8〜3m
▶体重：150〜500kg

世界最高峰に出現する雪男

日本では「雪男」とよばれることも多いイエティだが、がっしりした体格で、全身を毛でおおわれ、2本あしで歩く獣人だ。絶滅した猿人、ギガントピテクスの生きのこり説やヒグマなどクマのなかまという説もある。人をおそった記

シーサーペント

グループ

D

水中系

有名度
A
ランク

パワー

ワザ　　スピード

知能　　危険度

世界の海にあらわれる魔物

出現地域

世界各地

「シーサーペント」の意味はウミヘビ。細長い体がとくちょうだ。頭は先がとがっていて、するどいギザギザの歯が生えている。頭に穴があり、クジラのように潮をふいたという目撃情報もある。正体は、深海にすむ魚リュウグウノツカイ、またはウナギが巨大化したものという説もある。

推定データ

▶体長：20〜60m
▶体重：不明

67

ドーバーデーモン

ナゾ系

有名度
B
ランク

パワー
ワザ　スピード
知能　危険度

出現地域

アメリカ
マサチューセッツ州
ドーバー

推定データ
▶体長：1.2m
▶体重：30kg

短期間で消えたナゾのUMA

アメリカの住宅街ドーバーに出現したUMA。顔には大きな目だけが光り、鼻や口、耳は見えない。手あしは細長く、毛のないひふはざらざらした感じとも、ぬめりがあったともいう。宇宙人説もあったが、1か月足らずで姿を消した。

フライングヒューマノイド

ナゾ系

有名度
B
ランク

パワー
ワザ スピード
知能 危険度

翼もないのに空を飛ぶ

見た目は人型で、翼はない。パラシュートなどを使っているようすもないのに、宙にうき、空をすべるように移動する。ひふは茶色がかっていて、まぶたはなく、黒い大きな目をしているともいう。人型の飛行物体説、宇宙人説、超能力者説などがいわれているが、その正体はわからない。

出現地域

アメリカ
メキシコ
メキシコシティー

推定データ

体長：1〜3m
体重：不明

ドーバーデーモンが知恵をはたらかせる

シーサーペント VS ドーバーデーモン

① シーサーペントを釣りあげようと海に釣り糸をたらすドーバーデーモン。

② 釣りざおが大きくひっぱられた！シーサーペントがうまく食らいついたようだ。おどろき、よろこぶドーバーデーモン。

❸ しかし、ドーバーデーモンはシーサーペントの力に
まったくかなわず、あっけなく海にひきずりこまれた。

シーサーペント
勝利

バトル 結果	シーサーペントが力で１勝				
	イエティ	シー サーペント	ドーバー デーモン	フライング ヒューマノイド	勝ち点
イエティ	―				0
シーサーペント		―	●2		2
ドーバーデーモン		×0	―		0
フライングヒューマノイド				―	0

弱気なドーバーデーモンがどう戦うか

ドーバーデーモン vs イエティ

① ドーバーデーモンは、闇にかくれ、大きなひとみで、イエティの背中をじっと見つめた。

② しかし、ふりかえったイエティににらみ返され、こわくなって逃げだした。とても臆病な性格だったのだ。

イエティ
勝利

バトル 結果	イエティほとんど何もせず1勝				
	イエティ	シーサーペント	ドーバーデーモン	フライングヒューマノイド	勝ち点
イエティ	—		●2		2
シーサーペント		—	●2		2
ドーバーデーモン	×0	×0	—		0
フライングヒューマノイド				—	0

海の王者に空からいどむ

フライングヒューマノイド VS シーサーペント

① 攻撃しようと空中から突進する
フライングヒューマノイド。

② シーサーペントは、ここぞと
待ちかまえて、勢いよく潮をふいた。
シーサーペントはクジラのように潮をふく
ことができる。

おどろいたフライング
ヒューマノイドは
バランスをくずして
ついらくした。

シーサーペント
勝利

バトル 結果	イエティ	シーサーペント	ドーバーデーモン	フライングヒューマノイド	勝ち点
イエティ	—		●2		2
シーサーペント		—	●2	●2	4
ドーバーデーモン	×0	×0	—		0
フライングヒューマノイド		×0		—	0

シーサーペントが2連勝でリード

人型!? UMA同士の対決

フライングヒューマノイド vs ドーバーデーモン

① フライングヒューマノイドは、ドーバーデーモンもちあげて空から落とそうと、体をつかんだ。しかし、表面がぬるぬるしているので、手をすべらせた。

ツルン

② ところがおびえたドーバーデーモンも何もできず、ふたりはただじっと見つめあった。

バトル結果	全員が勝ち点を手にした				
	イエティ	シーサーペント	ドーバーデーモン	フライングヒューマノイド	勝ち点
イエティ	—		●2		2
シーサーペント		—	●2	●2	4
ドーバーデーモン	×0	×0	—	▲1	1
フライングヒューマノイド		×0	▲1	—	1

引き分け

試合 5

全勝をねらうシーサーペント

シーサーペント VS イエティ

① イエティはたくさんの雪玉を勢いよく投げつけた。

ブンッ

シーサーペントは必死に潮をふいてうちおとした。

② 決め手に欠けたまま、おたがいに体力を使いはたしてしまった。

バトル結果	シーサーペントの決勝進出決定				
	イエティ	シーサーペント	ドーバーデーモン	フライングヒューマノイド	勝ち点
イエティ	—	▲1	●2		3
シーサーペント	▲1	—	●2	●2	5
ドーバーデーモン	×0	×0	—	▲1	1
フライングヒューマノイド		×0	▲1		1

引き分け

勝てば決勝進出のフライングヒューマノイド

フライングヒューマノイド
vs イエティ

① フライングヒューマノイドに
雪玉を投げつけるイエティ。

②
フライングヒューマノイドは、
うちおとされないように必死でよける。
シーサーペントとの戦い（→P73）で潮をふきつ
けられ、バランスをくずしてつらくしていた。

③ すると突然、フライング
ヒューマノイドの
後頭部に衝撃が！

イエティは、頭上を
飛んでいた鳥をねらって
うちおとしたのだ。

イエティ
勝利

バトル結果	フライングヒューマノイド逆転ならず				
	イエティ	シーサーペント	ドーバーデーモン	フライングヒューマノイド	勝ち点
イエティ	ー	▲1	●2	●2	5
シーサーペント	▲1	ー	●2	●2	5
ドーバーデーモン	×0	×0	ー	▲1	1
フライングヒューマノイド	×0	×0	▲1	ー	1

グループ D 結果発表

決勝進出！

① シーサーペント

2勝1引き分けで勝ち点5
抽選でリーグ戦を1位通過

② イエティ

2勝1引き分けで勝ち点5
抽選でシーサーペントに次ぐ2位に

バトル最終結果	イエティ	シーサーペント	ドーバーデーモン	フライングヒューマノイド	勝ち点
イエティ	―	▲1	●2	●2	5
シーサーペント	▲1	―	●2	●2	5
ドーバーデーモン	×0	×0	―	▲1	1
フライングヒューマノイド	×0	×0	▲1	―	1

予選落ち

ドーバーデーモン

1引き分け2敗で勝ち点1
同点でリーグ最下位

フライングヒューマノイド

1引き分け2敗で勝ち点1
同じくリーグ最下位に

グループDの戦い

シーサーペントとイエティが勝ち点でならび直接対決も引き分けたため、抽選で順位を決定。ドーバーデーモンとフライングヒューマノイドもともに勝ち点1、直接対決も引き分けで、両者最下位に。

タッツェルヴルムふたつの姿 →P82

トカゲ頭タイプ

ネコ頭タイプ

同じ生きものとは思えない!?

アルプス山脈にすむタッツェルヴルムは、オーストリア、ドイツ、スイス、イタリアなどで目撃されている。地域によってよび名がちがうが、共通するのは、ヘビのような体に前あしがあり、毒の息をはくこと。しかし、頭がトカゲに似たタイプと、ネコに似たタイプがいるらしい。

証言をもとに描かれた絵

カエル男出現！ →P85

2本あしで立つカエルを見た

1955年、アメリカのオハイオ州で、2本あしで立つカエルに似た生物が目撃された。1972年には警察官が、橋の上にうずくまる生きものを発見。やはり同じカエル男「フロッグマン」だった。しかし、ライトで照らすと立ちあがって、川に姿を消したという。

巨大鳥ビッグバードの正体は!?

→P83

ビッグバードの正体と考えられているコンドルに似た巨鳥、羽を広げると7mもあるアルゲンタヴィス・マグニフィセンス

鳥なのか、翼竜なのか

巨大な鳥のUMAビッグバードの正体については、北アメリカに伝わる伝説の怪鳥、雷をあやつる「サンダーバード」という説、600万年前に生きていたコンドルに似た巨鳥アルゲンタヴィス説、さらに8000万年ほど前の空を飛ぶハチュウ類「翼竜」プテラノドンという説などがある。

ビッグバードの正体という説がある翼竜、プテラノドン

チュパカブラの姿が知りたい！

→P84

イヌのような姿という証言

証言によって姿がちがう

1995年に発見されたチュパカブラ。ヤギをおそい、血を吸いつくしたので「ヤギの血を吸うもの」と名がついた。多くの目撃証言には共通点もあるが、異なる部分も多く、その姿すらはっきりしない。

2本あしで歩くフシギな姿という証言

翼をもち空を飛ぶという証言もある

タッツェルヴルム

パワー / スピード / 知能 / 危険度 / ワザ

ヘビ・カエル系

有名度
B
ランク

グループ

出現地域

ヨーロッパ

アルプス山脈

推定データ
▶体長：**1m**
▶体重：**30kg**

アルプスの山にひそむナゾ

「前あしのあるヘビ（イモムシ）」という名前で、ヘビのような体に、するどいツメをもつ2本の前あしがある。後ろあしは、あるかないか不明だ。アルプスの高さ500m以上の山地にすむといい、トカゲに似た顔、ネコのような顔という目撃情報がある。青をはさかける攻撃は強烈だが

ビッグバード

有名度
A
ランク

パワー
ワザ　　スピード
知能　　危険度

空中系

出現地域

アメリカ
イリノイ州

少年をさらった巨大な怪鳥

するどいツメとクチバシをもち、翼を広げると最大10m
という目撃例もある巨大な鳥。肉食で人や動物をおそう。
1977年には、イリノイ州で体重30kgの少年の背中をつ
かんで連れさろうとする事件も。出現はアメリカ各地に広

推定データ
▶体長：3～8m
▶体重：120kg以上

チュパカブラ

ナゾ系

有名度
A
ランク

パワー

ワザ　　　　スピード

知能　　　危険度

出現地域

南北
アメリカの
各地

推定データ

▶体長：1〜1.8m

▶体重：不明

有名な恐怖の吸血UMA

チュパカブラにおそわれた動物の体には、直径1cmほどの丸い穴があく。長くするどい舌を突きさし、全身の血を吸いとるのだ。体は短い毛におおわれ、真っ赤な目をして、口にはキバが生えている。カンガルーのようにとびはねて

E フロッグマン

ヘビ・カエル系

有名度
B
ランク

パワー
ワザ
スピード
知能 ── 危険度

アメリカ
オハイオ州

2本あしで歩くカエル

アメリカ、オハイオ州のリトルマイアミ川付近で目撃されたカエル男がフロッグマンだ。人間の子どもほどの大きさで、2本あしで歩くが、顔はカエルにそっくり、手あしには水かきがあるという。地元の新聞が懸賞金をかけているがつかまえられず、正体はナゾのままだ。

推定データ

すいてい
体長：50〜120 ㎝
体重：5〜30kg

どちらも初戦を勝ってリードしたい

ビッグバード vs チュパカブラ

1 ビッグバードの
するどいクチバシが
おそいかかる。
チュパカブラは
すばやい動きでかわす。

2 そして、ビッグバードの
背中の上にとびのって
攻撃しようと、ジャンプ！

チュパカブラは高い跳躍力をもち、5mほどジャンプできる。

③ すかさずビッグバードは大きな翼ではばたき、こがらなチュパカブラをふきとばした。

ビッグバード
勝利

バトル結果	ビッグバードがまずは2点ゲット				
	フロッグマン	タッツェルヴルム	ビックバード	チュパカブラ	勝ち点
フロッグマン	―				0
タッツェルヴルム		―			0
ビッグバード			―	●2	2
チュパカブラ			×0	―	0

臆病なフロッグマンが天敵に立ちむかう!

タッツェルヴルム vs フロッグマン

① タッツェルヴルムがするどいツメで攻撃。フロッグマンはピョンピョンとびはね、さけつづけた。

② なかなか攻撃が決まらずイライラしたタッツェルヴルムはフロッグマンをにらみつけた。

③ ところがこれが意外な結果に！
ヘビに似たタッツェルヴルムににらまれた
フロッグマンは、あしがすくんで動けなく
なってしまったのだ。

おそろしいものや強いものの前
で、こわくて体が動かなくなっ
てしまうことをたとえて、「ヘ
ビににらまれたカエル」という。

ガニッ

タッツェルヴルム
勝利

バトル結果	タッツェルヴルムゆうの勝利				
	フロッグマン	タッツェルヴルム	ビッグバード	チュパカブラ	勝ち点
フロッグマン	—	×0			0
タッツェルヴルム	●2	—			2
ビッグバード			—	●2	2
チュパカブラ			×0	—	0

どちらが連勝して勢いにのれるか
タッツェルヴルム VS ビッグバード

① 上空から飛んできたビッグバードが、タッツェルヴルムに食らいつき、そのまま空高くもちあげた。

② タッツェルヴルムは必死に毒をはきかけた。

毒にやられたビッグバードは傷ついたタッツェルヴルムといっしょに落ちていった。

引き分け

バトル結果	2UMA がリードする展開へ				
	フロッグマン	タッツェルヴルム	ビッグバード	チュパカブラ	勝ち点
フロッグマン	—	×0			0
タッツェルヴルム	●2	—	▲1		3
ビッグバード		▲1	—	●2	3
チュパカブラ			×0		0

両者ともに連敗はさけたい！
フロッグマン vs チュパカブラ

① おびえるフロッグマンに
チュパカブラが
勢いよくとびかかった。

グォ

ア ッ

② フロッグマンはこわくて、
無我夢中でとびはねた。
空中で両者の頭がぶつかり、
どちらもその場にたおれこんだ。

引き分け

バトル結果	引き分けで 1 点ずつゲット				
	フロッグマン	タッツェルヴルム	ビックバード	チュパカブラ	勝ち点
フロッグマン	－	×0		▲1	1
タッツェルヴルム	●2	－	▲1		3
ビックバード		▲1	－	●2	3
チュパカブラ	▲1		×0	－	1

鳥とカエルの天敵対決

フロッグマン VS ビッグバード

① 大空をゆうゆうと飛ぶビッグバード。フロッグマンは本能で、その姿をおそれた。

鳥はカエルをとらえて食べる。カエルにとっての天敵だ。

② 体の色をかえ、草むらにかくれるフロッグマン。ビッグバードはその姿を見うしなった。

フロッグマンは周囲にあわせて体の色をかえられる。

③ そこでビッグバードは、大きな翼を使って、激しい風をおこした。

うまくかくれていたフロッグマンだが、空中にまいあがって見つかりそのままふきとばされてしまった。

ビッグバード
勝利

バトル結果	ビッグバードの決勝進出が決まった				
	フロッグマン	タッツェルヴルム	ビックバード	チュパカブラ	勝ち点
フロッグマン	—	×0	×0	▲1	1
タッツェルヴルム	●2	—	▲1		3
ビッグバード	●2	▲1	—	●2	5
チュパカブラ	▲1		×0	—	1

決勝進出をかけて全力でぶつかる！

タッツェルヴルム vs チュパカブラ

ガ

ガ

ガ

① チュパカブラとタッツェルヴルムは
それぞれじまんのツメで相手を
ひっかいた。

!!

ビュッ

② たがいにダメージがたまってきたころ、
タッツェルヴルムはトドメをさそうと
猛毒をチュパカブラにはきかけた。

③ しかしチュパカブラは、すばやい動きで背後にまわりこみ
するどい舌でタッツェルヴルムの後頭部をつらぬいた。
タッツェルヴルムは反撃できず血を吸われてしまった。

チュパカブラはストローのようなするどい
舌を相手にさしこんで血を吸う。

チュパカブラ
勝利

バトル 結果	フロッグマン	タッツェル ヴルム	ビッグバード	チュパカブラ	勝ち点
フロッグマン	―	×0	×0	▲1	1
タッツェルヴルム	●2	―	▲1	×0	3
ビッグバード	●2	▲1	―	●2	5
チュパカブラ	▲1	●2	×0	―	3

チュパカブラが逆転で2位に！

結果発表

決勝進出！

① ビッグバード

2勝1引き分けで勝ち点5
どうどうのトップ通過

② チュパカブラ

1勝1敗1引き分けで勝ち点3
最後に逆転で決勝進出

バトル最終結果	フロッグマン	タッツェルヴルム	ビッグバード	チュパカブラ	勝ち点
フロッグマン	—	×0	×0	▲1	1
タッツェルヴルム	●2	—	▲1	×0	3
ビッグバード	●2	▲1	—	●2	5
チュパカブラ	▲1	●2	×0	—	3

予選落ち

タッツェルヴルム

1勝1敗1引き分けで勝ち点3
直接対決で予選落ち

フロッグマン

1引き分け2敗で勝ち点1
ざんねんながら最下位に

グループEの戦い

ビッグバードが安定した強さを見せた。そのビッグバードからただひとり勝ち点をとったタッツェルヴルムは、勝ち点3をゲットするも、最後にチュパカブラに敗れ、直接対決の結果で涙をのんだ。

➡P104

モンキーマン
VS
モケーレ・ムベンベ

➡P110

ドアル・クー
VS
アフール

戦いが はじまる!

モンキーマン
VS
アフール

➡P109

ドアル・クー
VS
モンキーマン

予選リーグ
F

➡106

➡107

モケーレ・
ムベンベ
VS
ドアル・クー

モケーレ・
ムベンベ
VS
アフール

➡P108

死をもたらす呪いのUMA!? →P101

モケーレ・ムベンベ、恐怖の伝説

ピグミー族が
モケーレ・ムベンベをヤリで殺し
その肉を食べたという

毒をもつのか、呪いをかけるのか…

アフリカのコンゴ共和国、テレ湖とその周辺にいるというモケーレ・ムベンベ。1776年にフランス人の聖職者がナゾの巨大なあしあとを発見したのをはじまりに、数多くの調査がおこなわれている。1981年にはアメリカの調査チームが鳴き声を録音して、その声を分析。未知の大型生物であることを発表した。88年には日本の早稲田大学探検部も調査に出かけている。

しかし、おそろしい話もある。かつて現地のピグミー族がモケーレ・ムベンベを殺して肉を食べた。すると肉を食べた全員が死んでしまったのだ。肉に毒があるとも、モケーレ・ムベンベの呪いともいわれている。

目撃証言をもとに描かれたカバと戦う姿
恐竜アパトサウルス（ブロントサウルス）と
よく似ているという

語りつがれるドアル・クーの伝説 →P103

殺された女性、グレースの墓には、ふりむくドアル・クーと首にささる短剣がきざまれている

夫の墓には馬にのり短剣をもって戦う姿が

300年以上前の戦いの記録

アイルランドのマスク湖や周辺の湖に出現するUMAドアル・クー（ドアーチェ）には、1772年に女の人を殺したときの伝説がある。悲鳴にかけつけた夫がドアル・クーを攻撃すると、口笛のような鳴き声を出して死んだが、その声を聞いたなかまが夫におそいかかった。馬にのって逃げても追ってくる。激しい戦いの後、なんとかそのドアル・クーを追いはらったという。

ドアル・クーとの対決を描いた絵

モンキーマンは服を着ていた！？ →P100

警察の情報にもとづく絵

目撃者の情報にもとづく絵

くいちがう目撃証言

2001年、インドの首都ニューデリーに出現し、多くの人をおそったモンキーマン。警察の情報では黒い毛皮におおわれているだけだが、黒い服にヘルメットをかぶり、赤く光る目をしていたという人もいる。

モンキーマン

獣人・類人猿系

有名度
A
ランク

パワー

ワザ スピード

知能 危険度

出現地域

ニューデリー

インド

街にあらわれた攻撃的なヤツ

見た目はサルに似ているが、最大の武器、するどいツメは
サルのものではない。すばやい動きと、ひっかく、かみつ
くの攻撃で、多くの人を傷つけた。目が真っ赤に光り、体
から赤と青の光を放つともいう。ヘルメットをかぶってい

推定データ

▶体長：1.4〜1.6m

▶体重：30kg

F モケーレ・ムベンベ

水中系

パワー

ワザ　　　スピード

知能　　危険度

有名度
B
ランク

出現地域

テレ湖周辺

コンゴ共和国

水中でも陸上でも凶暴

長い首と尾をもつ恐竜型のUMAで、水陸両方で活動する。草食で、とくにマロンボというモモのような実が好物だというが、性格は凶暴。たとえば、湖で自分に近づきすぎた船を首でたたいたり、体当たりでおそったりする。肉に毒があるとも、強力な呪いの力があるともいわれている。

推定データ

▶体長：8〜15m
▶体重：約6〜12t

アフール

空中系

有名度
C
ランク

パワー
ワザ スピード
知能 危険度

出現地域

インドネシア
ジャワ島

推定データ

▶翼長：**3.6m**

▶体重：**不明**

ブキミな外見と美しい声

見た目はコウモリのようだが、世界最大のコウモリよりもずっと巨大で、顔は人かサルに似ている。大きな翼とするどいツメをもち、体は毛におおわれている。夜の闇にまぎれて魚をおそって食べる。姿にくらべて声はとても美しく、「ア・フール」と鳴く声から名前がついたという。

ドアル・クー

ケモノ系

有名度 C ランク

巨大で凶暴なカワウソの王

「カワウソの王」ともよばれ、外見は巨大なカワウソのようだが、顔はイヌに似ているともいう。オレンジ色の水かきがあり、泳ぎが得意だ。凶暴な性格で水上や水辺にいる人や動物をよくおそうぞ。ペアで行動し、片方が殺されると、もう片方が復讐のために攻撃してくるという。

出現地域

ゴールヴェー州

アイルランド

推定データ

体長：2〜3m

体重：100〜150kg

103

インドの猿人とコンゴの悪魔が戦う

モケーレ・ムベンベ vs モンキーマン

① モンキーマンが長いツメを
ふりまわして攻撃。
モケーレ・ムベンベは
ギリギリでかわす。

② 反撃とばかりに頭にかみつこうと
すると、モンキーマンはとっさに
ヘルメットをかぶって頭を守った。

モンキーマンはヘルメットをかぶっていたという目撃証言も。

③ しかし、モケーレ・ムベンベは、ヘルメットの上からかみついたまま、モンキーマンをもちあげた。

そして、長い首をしならせ、モンキーマンを地面にたたきつけた。

モケーレ・ムベンベ
勝利

バトル結果	モケーレ・ムベンベ、パワーで勝ち点2				
	モンキーマン	モケーレ・ムベンベ	アフール	ドアル・クー	勝ち点
モンキーマン	—	×0			0
モケーレ・ムベンベ	●2	—			2
アフール			—		0
ドアル・クー				—	0

巨大コウモリが勝利をねらう！

モンキーマン **VS** アフール

① 空中のアフールを攻撃しようとするモンキーマンだが、突然アフールが歌いはじめる。

カ
クッ

Zz...

② 美しい歌声にききほれ、ねむってしまったモンキーマンに、アフールのツメがおそいかかった。

アフールはその見た目とちがって美しい声で鳴く。

アフール
勝利

バトル結果	アフールが歌声で勝ち点を得た					
	モンキーマン	モケーレ・ムベンベ	アフール	ドアル・クー	勝ち点
モンキーマン	ー	×0	×0		0
モケーレ・ムベンベ	●2	ー			2
アフール	●2		ー		2
ドアル・クー				ー	0

初水中対決の勝利はどちらに…

モケーレ・ムベンベ VS ドアル・クー

① モケーレ・ムベンベが、長い首をふりまわして攻撃。

カプッ

カリッ

ドアル・クーは、スイスイとかわし首にかじりついた。

ゴゴウァ

② しかし、モケーレ・ムベンベの肉には毒が。それぞれが、かまれた痛みと毒に苦しみ、引き分け。

バトル結果	モケーレ・ムベンベがトップに				
	モンキーマン	モケーレ・ムベンベ	アフール	ドアル・クー	勝ち点
モンキーマン	—	×0	×0		0
モケーレ・ムベンベ	●2	—		▲1	3
アフール	●2		—		2
ドアル・クー		▲1		—	1

引き分け

モケーレ・ムベンベ vs アフール

① 敵をうっとりさせようと美しい声で鳴くアフールだが、水中にもぐりこんだモケーレ・ムベンベにはとどかない。

② なんとか声を聞かせようと水面に近づいたところを、モケーレ・ムベンベが長い首をのばして、おそいかかった。

モケーレ・ムベンベ
勝利

バトル結果	大きくリードされたアフール				
	モンキーマン	モケーレ・ムベンベ	アフール	ドアル・クー	勝ち点
モンキーマン	―	×0	×0		0
モケーレ・ムベンベ	●2	―	●2	▲1	5
アフール	●2	×0	―		2
ドアル・クー		▲1		―	1

2敗のモンキーマンはあとがない！
ドアル・クー vs モンキーマン

① ドアル・クーのかみつき攻撃を再び
ヘルメットでふせいだモンキーマン。しかし
前回の反省をいかし、ヘルメットをぬぎすてた。

モケーレ・ムベンベ戦
（→ P104）では、ヘルメットの
上からかまれ、ヘルメットごと
もちあげられた。

ガッ

スポッ

ザシュ

② そしてヘルメットで
口をふさがれ、あわてる
ドアル・クーを長い
ツメでひきさいた。

モンキーマン
勝利

バトル結果	モンキーマン初勝利も敗退決定				
	モンキーマン	モケーレ・ムベンベ	アフール	ドアル・クー	勝ち点
モンキーマン	—	×0	×0	●2	2
モケーレ・ムベンベ	●2	—	●2	▲1	5
アフール	●2	×0	—	—	2
ドアル・クー	×0	▲1	—	—	1

決勝にコマを進めるのはどっちだ?!

ドアル・クー vs アフール

①

つかまえて、かみつこうとおそいかかる
ドアル・クー。かわして、空中から歌声を
聞かせるアフール。

② しかし、ドアル・クーは大声を出し、
アフールの鳴き声をうちけした。

ドアル・クーはかんだかい鳴き声で、なかまをよぶことがある。

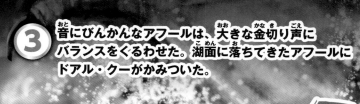

③ 音にびんかんなアフールは、大きな金切り声に
バランスをくるわせた。湖面に落ちてきたアフールに
ドアル・クーがかみついた。

ガッ
バ
シャ
バ
シャ

ドアル・クー
勝利

バトル 結果	ドアル・クー勝利で決勝進出！				
	モンキーマン	モケーレ・ ムベンベ	アフール	ドアル・クー	勝ち点
モンキーマン	―	×0	×0	●2	2
モケーレ・ムベンベ	●2	―	●2	▲1	5
アフール	●2	×0	―	×0	2
ドアル・クー	×0	▲1	●2	―	3

結果発表

決勝進出！

① モケーレ・ムベンベ

2勝1引き分けで勝ち点5
よゆうで1位通過を決定

② ドアル・クー

1勝1引き分けで勝ち点3
最終戦で逆転勝利！

バトル最終結果	モンキーマン	モケーレ・ムベンベ	アフール	ドアル・クー	勝ち点
モンキーマン	―	×0	×0	●2	2
モケーレ・ムベンベ	●2	―	●2	▲1	5
アフール	●2	×0	―	×0	2
ドアル・クー	×0	▲1	●2	―	3

予選落ち

アフール

1勝2敗で勝ち点2
直接対決勝利で3位

モンキーマン

1勝2敗で勝ち点2
アフールに敗れて最下位に

グループFの戦い

パワーがグンをぬくモケーレ・ムベンベが圧勝。そのモケーレ・ムベンベと引き分けたドアル・クーが2位につけた。ともに勝ち点2のアフールとモンキーマンは、直接対決の勝利でアフールが3位。

身近なところにナゾの生きもの

➡P118

1899年、イギリスのサマセットにすんでいた女性が飼っていた翼ネコ

1975年、イギリス、マンチェスターの公園で発見された翼ネコ

子ネコに翼が生えてきた!?

1899年、イギリスの雑誌に翼のあるネコの写真が掲載された。ある女性の飼いネコで、生まれて数週間後に翼が生えてきたが、翼がある以外は、ごく正常なネコだという。1905年には体長3mという巨大翼ネコがイギリスの雑誌で紹介された。その後、翼をもち、ときにはその翼で空を飛ぶネコの目撃情報は、イギリスから世界各地に広がって、その数は100件以上になるという。最近では、2009年に、中国の四川省で発見されている。

ナゾの巨大な死体の正体は!?

➡P117

再び超巨大タコ出現!?

2003年7月、チリのビーチにうちあげられた泥だらけの肉の正体は、「オクトパス・ギガンテウス」である可能性が高まった。死体を調査していた学者から連絡を受けた動物学者は、その体の一部が1896年にアメリカ、フロリダ州のビーチで発見され、それ以来専門家をなやませているオクトパス・ギガンテウスにとてもよく似ていると語った。

チリのビーチにうちあげられた巨大な死体

114

ビッグフット!? それとも人間!?

→P116

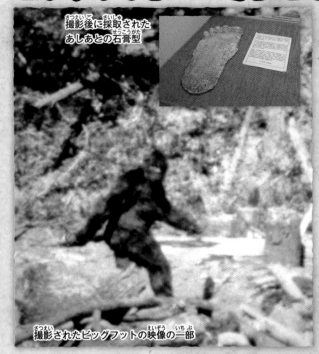

撮影後に採取された
あしあとの石膏型

撮影されたビッグフットの映像の一部

フィルムをめぐるナゾ

1967年、アメリカのカリフォルニア州で、UMAビッグフットの動いている映像が撮影された。この映像はビッグフットの存在を証明するものと思われたが、着ぐるみを着た人間ではというううたがいがおこり、自分がなかに入っていたと名のりでる人もあらわれた。しかし、約40年後の2010年、アメリカのテレビ番組が1コマ1コマの筋肉の動きや関節の位置を調べ、人間には不可能な動きであることを証明。結局、その生物の正体はナゾのままだ。

オゴポゴの情報が知りたい！

→P119

賞金をかけてもナゾ

1872年、カナダのオカナガン湖で、巨大な生物が泳ぐ姿が目撃された。アメリカの新聞が1000ドルの賞金をかけこの「オゴポゴ」の情報を集めたが、正体はわからなかった。またインターネットの地図サービス、グーグルアースが2009年にオカナガン湖でとった映像に巨大な生物の影がうつっていたという話もある。

頭と細長い背中のコブを水面に出して泳ぐオゴポゴ

G ビッグフット

獣人・類人猿系

出現地域

カナダ

アメリカ

ロッキー山脈

推定データ

▶体長：2.5〜3m

▶体重：約350kg

有名度

B

ランク

パワー

ワザ　　　スピード

知能　　　危険度

2本あしで歩く巨大な獣人

名前の意味は「大きなあし」。2400件をこえるという目撃情報のほか、40cmをこえるあしあとや、動いている姿の映像などが知られている有名なUMAだ。毛むくじゃらのゴリラのような姿をしていて、単独で姿をあらわすことが多いが、親子やオスメスのペアも出現している。

オクトパス・ギガンテウス

水中系

有名度
C
ランク

パワー
ワザ　　スピード
知能　　危険度

船をおそう超巨大なタコ

1989年にアメリカ、フロリダ州の海岸にうちあげられた肉のかたまりの正体は、巨大なタコだった。「オクトパス・ギガンテウス」という学名のついたこの巨大ダコは、海の沖にできる「ブルーホール」とよばれる穴にひそんでいて、長い触手をのばし、船をひきずりこむというぞ。

推定データ

▶体長：30m
▶体重：約20t

G 翼ネコ

パワー
ワザ スピード
知能 危険度

出現地域

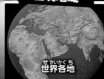

せかいかくち
世界各地

すいてい
推定データ

たいちょう
▶体長：50〜300㎝

たいじゅう
▶体重：2〜10kg

空中系

ゆうめいど
有名度

A
ランク

空を飛ぶ!? 翼をもつネコ

なまえ　　　　　　　　かた　こし　　　　　　　　　　　　　　つばさ　は
名前のとおり、肩や腰から 10 〜 30㎝ほどの翼が生えてい

つばさ　つか　　　　　たか　　　　　　　　　　たか
るネコ。翼を使って、高さ 15 〜 20m のところを飛んで

もくげきじょうほう　　つばさ　しょうたい　け
いたという目撃情報も。翼の正体は毛のかたまり、ひふが

へんけい　　　　　　　　　　　せつ　ゆうりょく　　　　　そら　と　　　　　もく
変形したものといった説が有力だが、空を飛んだという目

オゴポゴ

パワー
ワザ　スピード
知能　危険度

水中系

有名度
A
ランク

出現地域

カナダ

オカナガン湖

アメリカ

伝説の怪物「湖の悪魔」

古くから語りつがれている怪物で、先住民族は「湖の悪魔」とよんでいたという。顔は龍に似ているとも、ウマやウシに似ているともいう。コブのある細長い胴体をくねらせながら泳ぐ。その正体は約6500万年前にさかえた「ゼウグロドン」というクジラの祖先だという説もあるぞ。

推定データ
▶体長：5～15m
▶体重：数t

巨大なタコに小さなネコがいどむ

オクトパス・ギガンテウス VS 翼ネコ

① オクトパス・ギガンテウスは、翼ネコをとらえようと長い触手をのばした。翼ネコはスイスイよけながら上空へと飛んだ。

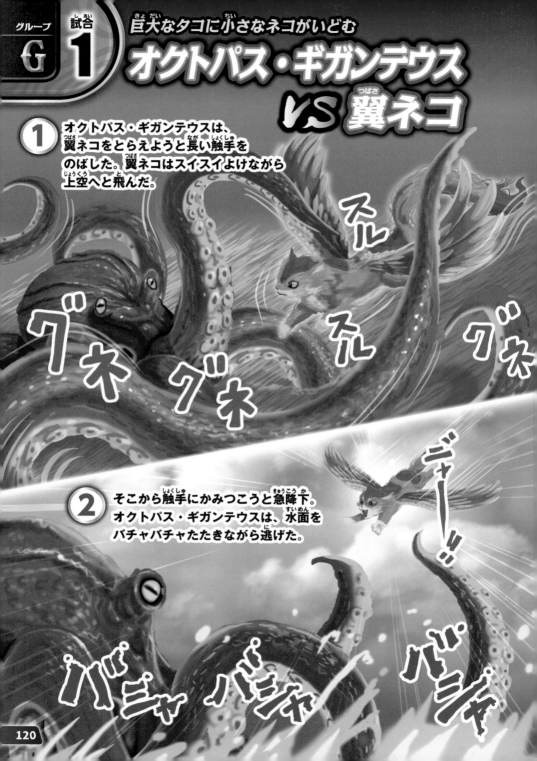

スル

グネ グネ スル グネ

ニャー!!

② そこから触手にかみつこうと急降下。オクトパス・ギガンテウスは、水面をバチャバチャたたきながら逃げた。

バジャ バシャ バシャ

③ すると水しぶきが翼ネコにかかった。
体が水にぬれるのがいやな翼ネコは、
戦いをほうりだして、逃げていった。

ギニャー

ビショ

ビショ

ネコは体が水にぬれることをとてもいやがる。

オクトパス・ギガンテウス
勝利

バトル結果	ビッグフット	オクトパス・ギガンテウス	翼ネコ	オゴポゴ	勝ち点
ビッグフット	—				0
オクトパス・ギガンテウス		—	●2		2
翼ネコ	×0		—		0
オゴポゴ				—	0

オクトパス・ギガンテウスが勝ち点ゲット

カナダに出現するUMA対決

ビッグフット **VS** オゴポゴ

① ビッグフットは、あたりにある岩を手当たりしだい湖へ投げつける。オゴポコはなんとかかわしつづける。

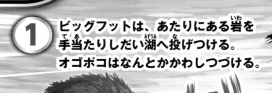

ガァァァッ

ブン

ブン

ブン

ハァ ハァ

ヒョイ キ

ヒョイ

② ビッグフットの投げる岩はまったくあたらない。オゴポゴは反撃しようと岸に近づく。

③ しかし、これはビッグフットの作戦だった。オゴポゴが岸に近づくように岩を投げていたのだ。

そして、ビッグフットの大きなあしがオゴポコの頭をふみつけた。

ガッシ

ドドドド

バリッ

ゲハッ

ビッグフット
勝利

バトル結果	カナダ対決はビッグフットが勝利				
	ビッグフット	オクトパス・ギガンテウス	翼ネコ	オゴポゴ	勝ち点
ビッグフット	—			●2	2
オクトパス・ギガンテウス		—	●2		2
翼ネコ		×0	—		0
オゴポゴ	×0			—	0

どちらもここで勝って1位になりたい

オクトパス・ギガンテウス
VS ビッグフット

① オゴポコ戦と同じ作戦で、岩を投げつけるビッグフット。

しかし、たくさんの触手が岩をたたき落とす。

② 投げるほうも、たたき落とすほうもおたがいにつかれて、何もできなくなってしまった。

引き分け

バトル結果	ビッグフット	オクトパス・ギガンテウス	翼ネコ	オゴポゴ	勝ち点
ビッグフット	ー	▲1		●2	3
オクトパス・ギガンテウス	▲1	ー	●2		3
翼ネコ		×0	ー		0
オゴポゴ	×0			ー	0

おたがい引き分けでならんだ

またも水中生物を相手にする翼ネコ

翼ネコ VS オゴポゴ

① 水をいやがり、陸地でようすをうかがう翼ネコ。オゴポコは湖の魚をさしだした。

！

ニャッ

ビシャビシャ

ボトッ

② 魚につられて水辺に近づいた翼ネコに、オゴポコが水をかけた。

ズギャー！

翼ネコは、また逃げだした。

バシャ

バトル結果	オゴポコも追いついてきた				
	ビッグフット	オクトパス・ギガンテウス	翼ネコ	オゴポゴ	勝ち点
ビッグフット	—	▲1		●2	3
オクトパス・ギガンテウス	▲1	—	●2		3
翼ネコ		×0	—	×0	0
オゴポゴ	×0		●2	—	2

オゴポゴ 勝利

負けつづきでどんな手を使っても勝ちたい翼ネコ

ビッグフット VS 翼ネコ

① 翼ネコにおそいかかるビッグフット。
しかし、翼ネコはあまえた声を
出しながらそのあしもとにすりよった。

② 心やさしいビッグフットは、
負けをみとめたような翼ネコを
だきあげて、ゆっくりとなでた。

③ だがしかし、翼ネコは急に戦いモードに！
油断したビッグフットの顔面をツメでひっかいた。

翼ネコ
勝利

バトル 結果	翼ネコがついに1勝を決めた				
	ビッグフット	オクトパス・ ギガンテウス	翼ネコ	オゴポゴ	勝ち点
ビッグフット	―	▲1	×0	●2	3
オクトパス・ギガンテウス	▲1	―	●2		3
翼ネコ	●2	×0	―	×0	2
オゴポゴ	×0	●2		―	2

超巨大タコと湖の悪魔の水中対決

オクトパス・ギガンテウス VS オゴポゴ

① 先手必勝と、かみついてきた
オゴポコ。なんとか逃げた
オクトパス・ギガンテウスだが
触手を1本失った。

ブチ
ブチ

？

② そのまま水の底で、体の色を
まわりの色と同じにしてかくれた。
オゴポコは姿を見うしなった。

オクトパス・ギガンテウスは体の色を
周囲の色にあわせてかえることができる。

③ オクトパス・ギガンテウスを探すオゴポコ。
しかし、見えないところからたくさんの触手が
からみついてきて、オゴポコの体をしめあげた。

ギュルルルル

ガボゴボ

オクトパス・ギガンテウス
勝利

バトル結果	オクトパス・ギガンテウスが1位通過を決めた				
	ビッグフット	オクトパス・ギガンテウス	翼ネコ	オゴポゴ	勝ち点
ビッグフット	—	▲1	×0	●2	3
オクトパス・ギガンテウス	▲1	—	●2	●2	5
翼ネコ	●2	×0	—	×0	2
オゴポゴ	×0	×0	●2	—	2

結果発表

決勝進出！

① オクトパス・ギガンテウス

2勝1引き分けで勝ち点5
強さをはっきして1位通過

② ビッグフット

1勝1引き分けで勝ち点3
ギリギリのところで決勝進出

バトル最終結果	ビッグフット	オクトパス・ギガンテウス	翼ネコ	オゴポゴ	勝ち点
ビッグフット	—	▲1	×0	●2	3
オクトパス・ギガンテウス	▲1	—	●2	●2	5
翼ネコ	●2	×0	—	×0	2
オゴポゴ	×0	×0	●2	—	2

予選落ち

オゴポゴ

1勝2敗で勝ち点2
直接対決勝利で3位に

翼ネコ

1勝2敗で勝ち点2
作戦勝ちの1勝のみ

グループGの戦い

パワーにくわえ、体の色をかえるなどのワザも見せたオクトパス・ギガンテウス。ビッグフットはみごとな作戦でオゴポゴに勝利したが、人のよさを翼ネコにつかれ、ギリギリでの決勝進出となった。

静かな街に災難をもたらす

→P135

モスマンがあらわれた！

モスマンがあらわれた街ポイント・プレザント

モスマンの銅像

不吉なUMAが街を有名に

1966〜67年にかけて、アメリカ、ウエストヴァージニア州のポイント・プレザントという街にあらわれたのが、モスマン（ガの男）とよばれるUMAだ。最後に目撃されたのは67年12月15日。そしてこの日、街にある橋、シルバーブリッジがくずれ落ち、46人もの死者が出た。この災難はモスマンがもたらしたといわれている。その後、モスマンをテーマにして映画がつくられたが、その映画関係者がモスマンの呪いでナゾの死をとげたという話もある。しかし現在のポイント・プレザントでは、2002年よりモスマンの出現を記念するモスマンフェスティバルを毎年開催。2003年にモスマンの銅像が完成し、2005年にはモスマン博物館もつくられた。街はモスマンに興味をもつ人たちでにぎわっている。

132

のこされた1枚の証拠写真 →P134

地質調査隊をおそったモノス

1920年、スイス人のフランソワ・ド・ロウを中心とした地質学の調査隊が、石油の調査のためにベネズエラの森に入った。すると突然森の木が激しくゆれ、毛むくじゃらの生物が2本あしで走りでてきて、クサイものを投げつけてきた。フンで攻撃してきたのだ。追いこまれた隊員たちはその生きものを銃でうった。たおれた生きものに近づいたロウたちは、はじめて見る姿におどろき記録の写真をのこした。これがのちに新種の類人猿として発表され、現在はモノスとよばれるUMAの最初の目撃記録だ。

▶ライフルでうったモノスを、石油かんにすわらせ、あごにつっかえ棒をして撮影した記録写真

ベアとよばれてもクマじゃない！ →P137

絶滅生物の生きのこり!?

ケニア、ナンディ地方に出現する生物が、イギリス人の著書に「ナンディベア（ナンディのクマ）」の名で登場したのは1905年。しかし、現地の人には古くから知られ、家畜などをおそって脳を食べる巨大な悪魔としておそれられてきた。顔がクマに似ているので「ベア」とよばれるが、現在のアフリカ大陸にはクマのなかまは存在しない。絶滅したクマ、または古代のホニュウ類「カリコテリウム」の生きのこり説がある。

▶家畜や野生のシカなどをおそって食べる肉食

▶後ろあしの短い体型が似ているカリコテリウムは、78万年前に絶滅している

モノス

パワー
ワザ　　スピード
知能　　危険度

獣人・類人猿系

有名度
C
ランク

出現地域

ベネズエラ

推定データ

▶体長：約1.5m

▶体重：不明

フンも武器にする類人猿

ベネズエラの森で発見された、現地でよく見かける「クモザル」というサルに似たUMAがモノスだ。クモザルより体が大きく、しっぽがないなど、あきらかにふつうのクモザルとはちがっている。また凶暴な性格で、木の枝や自分

モスマン

有名度
B
ランク

パワー
ワザ　　　　　スピード
知能　　　危険度

空中系

光る目と翼をもつガの男

毛におおわれた体、赤く光る目、背中の翼で空を飛ぶことができるモスマンは、人に災いをもたらす UMA といわれている。また、だれも手をふれていないのに、ものが動いて空中を飛んだり、大きな音がしたりする現象「ポルターガイスト」をひきおこす能力ももっているらしい。

出現地域

アメリカ
ウエストバージニア州
ポイント・プレザント

推定データ

体長	2m
体重	60kg

グループ

H ラウ

ワザ／パワー／スピード／知能／危険度

ケモノ系

有名度
C
ランク

おそろしいヤツのふたつの姿

アフリカのコンゴ共和国イトゥリの森では、カバに似た姿が、ケニア、ウガンダ、タンザニアにかこまれたヴィクトリア湖では、ヘビに似た姿が伝えられている。どちらも頭にトサカのような羽がある。人をおそっては、頭を割って

出現地域

アフリカ大陸
イトゥリの森
ヴィクトリア湖

推定データ

▶体長：12〜30m
▶体重：約1.7t

ナンディベア

パワー
ワザ　　　スピード
知能　　危険度

ケモノ系

有名度
C
ランク

頭をかみくだき脳を食べる!?

ケニアのナンディ地方に出現し、頭はクマ、体はハイエナに似ているという。するどいキバで羊などの頭をかみくだき、脳を食べることから、「ゲテイト（脳食い）」ともよばれている。短い後ろあしだけで立ちあがり、長い前あしを武器に攻撃してくる。かみつかれたら、たいへんだぞ。

出現地域

アフリカ大陸

ケニア
ナンディ地方

推定データ

▶体長：3.5m
▶体重：200kg

最終リーグ、まず1勝するのはどっちだ

モノス vs ラウ

① ラウの大きな体めがけて、モノスが投げつけたフンが次々と命中。

② ラウは勢いよく走りだし川に逃げこむ。モノスは勝ちほこって大笑いした。

③ しかし、ラウは川でフンをあらいながしていたのだ。きれいになった体でラウが突進してきた。フンを使いつくしてしまったモノスは、ラウの直撃を受けた。

バトル結果	ラウがよゆうの１勝目をあげる				
	モノス	ラウ	モスマン	ナンディベア	勝ち点
モノス	―	×0			0
ラウ	●2	―			2
モスマン			―		0
ナンディベア				―	0

災難をひきおこすあぶないヤツ登場

モスマン VS ラウ

① モスマンに向かって突進するラウ。
しかし相手は災難をひきおこすモスマンだ。
ラウはあしをすべらせてしまう。

モスマンは災難をひきおこすという能力をもっている。

ズ
ルッ

② 勢いのついたラウはとまらない。
ころんだままゴロゴロところがってモスマンを
まきこみ、いっしょに大木に激突した。

引き分け

バトル 結果	モスマン能力を使うも引き分け				
	モノス	ラウ	モスマン	ナンディ ペア	勝ち点
モノス	—	×0			0
ラウ	●2	—	▲1		3
モスマン		▲1	—		1
ナンディペア				—	0

凶暴なUMA同士がぶつかりあう

ナンディベア vs モノス

① 木の上からナンディベアの頭にとびおりたモノス。首にしがみつき、耳もとで大声で鳴きまくった。

② イライラしたナンディベアは、長い前あしでモノスを力づくでひきはがし、ほうり投げた。

ナンディベア
勝利

バトル結果	モノス	ラウ	モスマン	ナンディベア	勝ち点
ナンディベアも勝ち点2をゲット					
モノス	—	×0		×0	0
ラウ	●2	—	▲1		3
モスマン		▲1	—		1
ナンディベア	●2			—	2

全敗はさけたいモノスの最後のチャレンジ

モスマン VS モノス

① モノスは上空を飛ぶモスマンに向かってフンを投げつけた。

② しかし、モスマンが災難をおこす能力を使うと、投げたフンが次々とモノスの頭に落ちてきた!

モスマン 勝利

モノスはざんねんながら全敗

バトル 結果	モノス	ラウ	モスマン	ナンディ ベア	勝ち点
モノス	—	×0	×0	×0	0
ラウ	●2	—	▲1		3
モスマン	●2	▲1	—		3
ナンディベア	●2			—	2

グループ **H** 試合 **5**

どちらも獲物の脳を食べるのが大好きなUMAだ

ナンディベア vs ラウ

①

ナンディベアは脳をねらって、ラウの頭めがけてかみつく。よけようとしたラウだが、トサカにキバがささった。

②

しかし、ラウはそのまま川に勢いよくとびこんだ。

キバをはなそうともがくナンディベアは、おぼれてしまった。

ラウ勝利

バトル結果	ラウが決勝進出を決めた！				
	モノス	ラウ	モスマン	ナンディベア	勝ち点
モノス	—	×0	×0	×0	0
ラウ	●2	—	▲1	●2	5
モスマン	●2	▲1	—	—	3
ナンディベア	●2	×0	—	—	2

決勝(けっしょう)に進出(しんしゅつ)する最後(さいご)のUMAが決(き)まる!

ナンディベア VS モスマン

① 上空(じょうくう)にかくれたまま、モスマンが
ポルターガイスト攻撃(こうげき)!
ナンディベアは、とんでくるものを
必死(ひっし)にかわす。

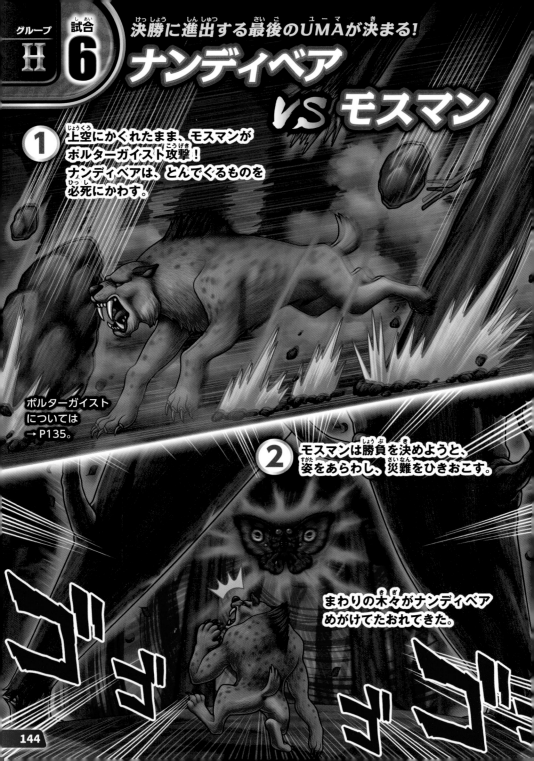

ポルターガイスト
については
→ P135。

② モスマンは勝負(しょうぶ)を決(き)めようと、
姿(すがた)をあらわし、災難(さいなん)をひきおこす。

まわりの木々(きぎ)がナンディベア
めがけてたおれてきた。

ゴゴゴ ゴゴ

③ たおれてくる木から逃げようと、ジャンプしたナンディベア。なんと、運よくモスマンのすぐ近くの木にとびのった。

そして長い前あしでモスマンをとらえて地上におりると、頭にかみついた。

ナンディベア勝利

バトル結果	ナンディベアが最後に決勝進出				勝ち点
	モノス	ラウ	モスマン	ナンディベア	
モノス	—	×0	×0	×0	0
ラウ	●2	—	▲1	●2	5
モスマン	●2	▲1	—	×0	3
ナンディベア	●2	×0	●2	—	4

決勝進出！

① ラウ

2勝1引き分けで勝ち点5
みごとに予選リーグを通過

② ナンディベア

2勝1敗で勝ち点4
最後に決勝進出を勝ちとった

バトル最終結果	モノス	ラウ	モスマン	ナンディベア	勝ち点
モノス	―	×0	×0	×0	0
ラウ	●2	―	▲1	●2	5
モスマン	●2	▲1	―	●0	3
ナンディベア	●2	×0	●2	―	4

予選落ち

モスマン

1勝1敗1引き分けで勝ち点3
最後は運も悪かった

モノス

3連敗で勝ち点0
1勝もできずにおわった

グループHの戦い

巨体にくわえ、水辺での戦いにも強いラウが1位で予選を通過。ナンディベアは最終戦、運も味方につけて勝利した。災難をおこす力を武器にモスマンもよく戦ったが、一歩およばなかった。

決勝トーナメント表

優勝

決勝戦

予選リーグ、各グループの上位2
UMAだけが進出できる決勝トーナ
メント。世界UMAカップをねらえ
るのはこの16UMAだ。

準決勝
第1試合
➡P178

準々決勝
第1試合
➡P168

準々決勝
第2試合
➡P170

1回戦
第1試合
➡P150

1回戦
第2試合
➡P152

1回戦
第3試合
➡P154

1回戦
第4試合
➡P156

グループA：1位
モンゴリアン・デスワーム

グループH：2位
ナンディベア

グループB：1位
クラーケン

グループG：2位
ビッグフット

グループG：2位
リザードマン

グループC：1位
ドアル・クー

グループF：2位
シーサーペント

グループD：1位
チュパカブラ

グループE：2位

決勝トーナメントの注目ポイント

各グループ1位のUMAが、ほかのグループ2位のUMAと対決。
勝ち点、直接対決でも勝負がつかず、抽選で1位・2位を決定（➡P9）
したグループもあるので、1位のほうが強いとはかぎらないぞ。

3位決定戦

準決勝
第2試合
➡P180

準々決勝
第3試合
➡P172

準々決勝
第4試合
➡P174

1回戦
第5試合
➡P158

1回戦
第6試合
➡P160

1回戦
第7試合
➡P162

1回戦
第8試合
➡P164

E	D	F	C	G	B	H	A
ビッグバード	イエティ	モケーレ・ムベンベ	ツチノコ	オクトパス・ギガンテウス	フラットウッズ・モンスター	ラウ	スカイフィッシュ
グループE：1位	グループD：2位	グループF：1位	グループC：2位	グループG1位	グループB2位	グループH：1位	グループA：2位

Aグループ1位と脳を食べる悪魔が戦う
モンゴリアン・デスワーム vs ナンディベア

① 突然砂のなかから、モンゴリアン・デスワームが尾で電撃攻撃。

ナンディベアは、すばやい動きでかろうじてよける。

② ナンディベアは前足で、砂からつきでた尾をおさえつけ、かみついた。

モンゴリアンデスワームは尾から電撃を出すので、そこをおさえつけた。

③ すると砂からモンゴリアン・デスワームの全身が出現。頭側をくねらせ、むぼうびなナンディベアの首を体でしめあげた。

ギュン

ギギュギャ物

ギュン

ブキッ

モンゴリアン・デスワーム勝利

海の怪物と山の獣人が争う

クラーケン VS ビッグフット

① ビッグフットは水中にいるクラーケンを見つけだし、あたりの巨大な岩をくずしては、次々と投げつけた。

ボスッ
ボス
ボッ

② 投げた岩がクラーケンに命中！クラーケンはキゼツしたのか水面にプカプカ浮かんで、岸に近づいてきた。

ザザ…

152

3 トドメをさそうと、ビッグフットが巨大なあしを振りあげたそのとき、突然、触手がからみついてきた！

ズバーン

ザャ

ドシャーッ

ザザーッ

間一髪、めざめたクラーケンが逆転勝利をおさめたのだ。

クラーケン勝利

好戦的な両者が火花を散らす

リザードマン vs ドアル・クー

1 どちらも攻撃的だ。リザードマンのツメとドアル・クーのキバが激しくぶつかりあう。

2 つかれてきたリザードマンは、ドアル・クーの攻撃をふせぎきれず、あしにかみつかれてしまう。

③ しかし、リザードマンはわざとスキをつくっていたのだ！
あしにかみついたドアル・クーの首もとに、リザードマン
のツメが突きささる。肉を切らせて骨を断つ作戦勝ちだ。

リザードマン勝利

巨大な相手に小さなチュパカブラが立ちむかう

シーサーペント VS チュパカブラ

① 攻撃しようと水中を泳いできたチュパカブラをシーサーペントは強烈な吸いこみで丸のみにした。

② 楽勝のシーサーペントは水面に浮上し、次の戦いにそなえてのんびりと休けい。

!!

ガオオォ

♪♪

ザザーーン

3 しかし、そのシーサーペントが突然苦しみだした。かまずに丸のみしたため、チュパカブラは生きていたのだ。

そしてチュパカブラは体の内側から舌を突きさし、血を吸いはじめた！

チュパカブラ勝利

どちらも巨大！怪鳥対獣人

ビッグバード vs イエティ

① 先手必勝と大量の雪玉を投げつける
イエティ。間一髪ビッグバードは
空高くに逃げた。

② とどかない相手をどう攻撃
しようかと考えるイエティ。
すると、突然ビッグバードが
急降下してせまってきた。

バサッ

バサッ

バサッ

③ そして、巨大な翼をはばたかせ、あたりの雪をまきちらす。

ガッ

④ 雪でまわりが見えなくなったイエティの後ろからビッグバードの巨大なクチバシが突きささった。

ビッグバード勝利

試合6

コンゴの悪魔（あくま）と日本（にほん）のUMA（ユーマ）が戦（たたか）う

モケーレ・ムベンベ VS ツチノコ

① 毒（どく）をおそれて、かみつき攻撃（こうげき）をさけたツチノコ。モケーレ・ムベンベをまどわせようと、すばやい動（うご）きではねまわる。

② モケーレ・ムベンベも負（ま）けじと尾（お）を振（ふ）りまわしてツチノコをたたきつぶそうとするが、なかなかとらえられない。たがいに必死（ひっし）の戦（たたか）いがつづく。

③ しかし、ツチノコの体力も限界だった。動きがだんだんにぶりはじめ、ついにモケーレ・ムベンベの尾が、ツチノコに激しくヒットした。

グワッ

モケーレ・ムベンベ勝利

オクトパス・ギガンテウス vs フラットウッズ・モンスター

①

空中を飛びまわり攻撃のチャンスを
うかがっていたフラットウッズ・モンスターを、
オクトパス・ギガンテウスの触手がとらえた。

ガシ

！

ビカッ

② フラットウッズ・モンスターは、
触手から逃げだすスキをつくろうと、
目から強力な光を放つ。

③ しかし、その光を、オクトパス・ギガンテウスのスミがかき消す！
敵の武器をふうじ、そのまま触手でしめあげた。

プシュ

ググ…

ググ、

ググ、

オクトパス・ギガンテウス勝利

パワーとスピードのどちらが勝つか

ラウ VS スカイフィッシュ

① 高速でラウのまわりを飛ぶスカイフィッシュ。あまりの速さにラウはその姿をとらえられず、ひたすら追いまわす。

② そして、つかれはてたラウはついにその場にすわりこんだ。スカイフィッシュは、ここがチャンスとラウの体めがけて突進した。

③ しかし、ラウのぶあつい脂肪にはじき返されたスカイフィッシュ。ものすごい速さのまま大木に激突し、自滅した。

ラウ勝利

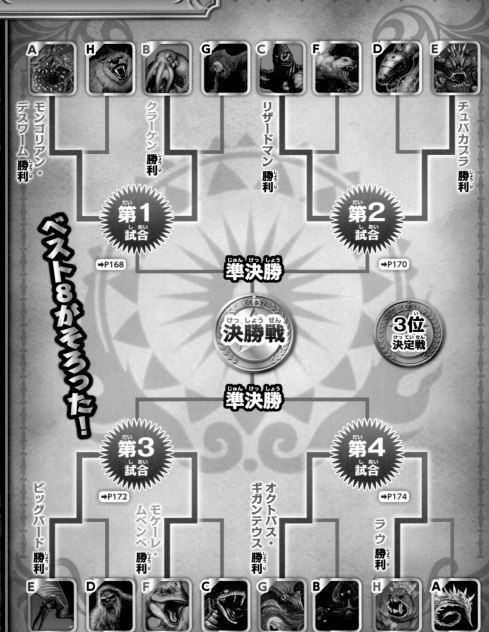

ベスト8がそろった！

A モンゴリアン・デスワーム 勝利

H

B クラーケン 勝利

G

C リザードマン 勝利

F

D

E チュパカブラ 勝利

第1試合 →P168

第2試合 →P170

準決勝

決勝戦

3位決定戦

準決勝

第3試合 →P172

第4試合 →P174

ビッグバード 勝利

モケーレ・ムベンベ 勝利

オクトパス・ギガンテウス 勝利

ラウ 勝利

E D F C G B H A

➡P168

砂のなかに身をかくし電撃と毒で攻めるモンゴリアン・デスワーム。対するクラーケンは海のなかから、長い触手をのばして攻撃する。

A vs B

リザードマン　チュパカブラ

➡P170

するどいツメとかたいウロコ、高い知能をいかした戦術で勝ちあがったリザードマン。チュパカブラはどうやってその血を吸うのか。

C vs E

ビッグバード　モケーレ・ムベンベ

➡P172

長い首と尾を振りまわして攻撃し、肉には毒をもつモケーレ・ムベンベ。ビッグバードはツメやクチバシを使い空中戦で対抗する。

E vs F

オクトパス・ギガンテウス　ラウ

➡P174

どちらも水中での戦いを得意とするラウとオクトパス・ギガンテウス。脳を食べるのが好きなラウは、頭をねらって攻撃するのか。

G vs H

多彩なワザで巨大なクラーケンにいどむ

モンゴリアン・デスワーム vs クラーケン

① クラーケンの触手が
モンゴリアン・デスワームに
からみつき、海にひきずりこむ。

尾をおさえられ、得意の電撃も
出せず身動きがとれない。

② 動くことができない
モンゴリアン・
デスワームは口から
毒をまきちらす。
水中が毒でよごされて…

③ しかし陸地では本来の力がだせず、しめつける力が弱くなった。モンゴリアン・デスワームは、そのスキをのがさず脱出。

キュァァァ

バババババ

クラーケンに強力な電撃をあびせかけた。

モンゴリアン・デスワーム勝利

クラーケンはあわてて、陸地へと逃げた。

ヒィィィ…

バババ

試合2

凶暴な性格の両者、勝利はどちらに…

リザードマン VS チュパカブラ

① リザードマンは木陰から、するどいツメで激しい攻撃をくりだす。

チュパカブラはよけるだけでせいいっぱいだ。

⁉ ⁉

② 危険を感じたチュパカブラは、毛の色をかえ、まわりの景色にとけこんだ。リザードマンはその姿を見うしなう。

チュパカブラは周囲の色にあわせて毛の色をかえて、姿をかくすことができる。

③ チュパカブラを探すリザードマンの目に、長い舌が突きささった！　かたいウロコで守られているリザードマンだが、目はふせぐことができなかった。

ギャ！

ザクッ

ザクッ

チュパカブラ勝利

試合

3

怪鳥と湖の悪魔のしれつな戦い

ビッグバード vs モケーレ・ムベンベ

①

毒の肉を食らわないように、ツメで攻撃しては空中に逃げる戦法をとったビッグバード。

モケーレ・ムベンベの肉には毒があるためクチバシでの攻撃をさけた。

② そして、うまく反撃できないモケーレ・ムベンベをしだいに岸におびきよせる。

③ しかし、フラフラになったモケーレ・ムベンベが トドメをさすため岸辺におりてきたビッグバードに、 最後の力をふりしぼってかみついた。

カッ

ブクブク ブク

バッ シャッ バッ シャッ バッ シャッ

④ そして、湖にひきずりこむと もがくビッグバードを必死で おさえつけ、おぼれさせた。

モケーレ・ムベンベ勝利

173

試合 4

水中対決に勝利するのはどちらか

オクトパス・ギガンテウス VS ラウ

※川に出現するラウと海に出現するオクトパス・ギガンテウスの対戦は川と海のさかいめでおこなわれた。

①

オクトパス・ギガンテウスは触手でラウをからめとろうとするが、水中ですばやく動けるラウは華麗にかわす。

ギュルル

ギュルルッ！

ズギャー

ふだん川に身をひそめているラウは、水中での移動がすばやい。

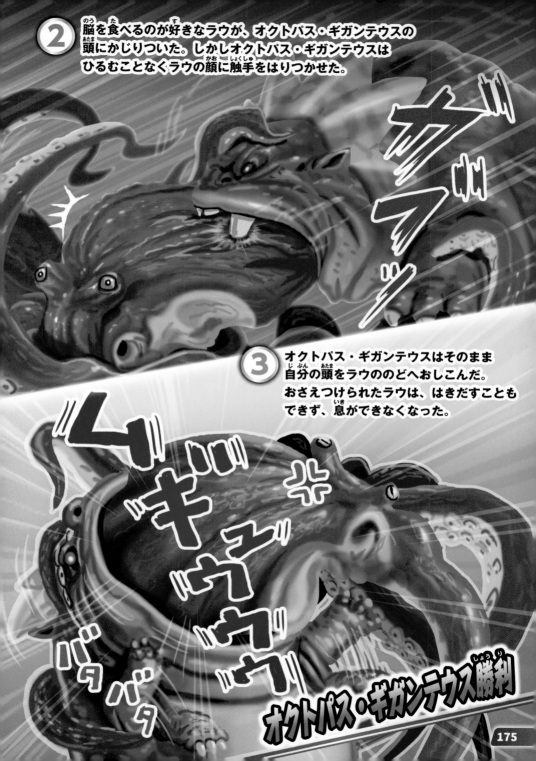

② 脳を食べるのが好きなラウが、オクトパス・ギガンテウスの頭にかじりついた。しかしオクトパス・ギガンテウスはひるむことなくラウの顔に触手をはりつかせた。

③ オクトパス・ギガンテウスはそのまま自分の頭をラウののどへおしこんだ。おさえつけられたラウは、はきだすこともできず、息ができなくなった。

オクトパス・ギガンテウス勝利

175

A H B G C F D E

モンゴリアン・
デスワーム 勝利

チュパカブラ 勝利

➡P178

A

第1試合

E

決勝戦
➡P184

3位決定戦
➡P182

カップはだれの手に！

F

第2試合

G

➡P180

モケーレ・
ムベンベ 勝利

オクトパス・
ギガンテウス 勝利

E D F C G B H A

モンゴリアン・デスワーム

チュパカブラ

➡P178

毒と電撃でクラーケンをたおしたモンゴリアン・デスワームと、リザードマンのウロコをさけ、目を攻撃する作戦で勝利したチュパカブラ。どちらも得意技で勝負にでるのか。

A

E

モケーレ・ムベンベ

オクトパス・ギガンテウス

➡P180

最後に力を見せ、ビッグバードに勝ったモケーレ・ムベンベが、ラウのウラをかいて勝利したオクトパス・ギガンテウスと戦う。どちらも、体の大きさや強さも武器になる。

F

G

毒と電撃に立ちむかうチュパカブラ

モンゴリアン・デスワーム
VS チュパカブラ

① チュパカブラは砂の動きからモンゴリアン・デスワームの居場所に気づいた。高くジャンプし、思いっきりふみつけた！

② さらに、なんとか地上へのがれたモンゴリアン・デスワームの体にとびつき、血を吸うため頭に長い舌を突きさした。

③ モンゴリアン・デスワームは、わざと頭を
チュパカブラの舌におしつけた。舌は
モンゴリアン・デスワームの頭をつらぬき、
口のなかにまでとどいた。

ゴクゴク

ぎぎ‥

④ モンゴリアン・デスワームの
口のなかには大量の毒が！

キャ
キャ
キャ

キ

ガガ‥‥

ピク

ピク

チュパカブラはそれを
吸いこんでしまった。

モンゴリアン・デスワーム勝利

長い首と長い触手の対決となるのか…

モケーレ・ムベンベ VS オクトパス・ギガンテウス

① オクトパス・ギガンテウスは
モケーレ・ムベンベに
勢いよくふみつけられ、
触手を切りはなして逃げだした。

② 追いうちをかけるモケーレムベンベ。
かみついてオクトパス・ギガンテウスを
とらえ、長い首をしならせて岩に
たたきつけようとする。

③ そのとき、オクトパス・ギガンテウスが目に向かってスミをはいた！そして一瞬のスキに口から脱出。

勢いの止まらないモケーレ・ムベンベは自分から岩にぶつかっていった。

オクトパス・ギガンテウス勝利

181

3位決定戦

体格差のある相手にどうするチュパカブラ

モケーレ・ムベンベ
VS チュパカブラ

① 毒をもっているため血を吸われないだろうと考え、積極的にふみつけ攻撃をするモケーレ・ムベンベ。チュパカブラはなんとかかわす。

ゴアアア

ドッ ドッ

ギュッ
ギュッ

② チュパカブラはジャンプで、モケーレ・ムベンベの首にとびつく。ふり落とそうとゆさぶられても、必死でしがみつく。

ギュン

ギギギ・・・

チュパカブラは準決勝（→P178）で毒を吸いこんで敗れたため毒をもつモケーレ・ムベンベの血は吸わなかった。

③ チュパカブラは顔の正面に移動し、長い舌でモケーレ・ムベンベの鼻先からアゴまでをさしつらぬいた。

アガァァァ

ブシィィィ

チュパカブラ勝利

① 砂に身をかくし、尾から電撃で攻撃する
モンゴリアン・デスワーム。貝がらをたてに
身を守るオクトパス・ギガンテウス。

② ついに砂から出てきたモンゴリアン・デスワーム。
オクトパス・ギガンテウスは、電撃と毒を
ふうじるため、尾と口を触手でとらえ、しめつけた。

③ 絶体絶命のモンゴリアン・デスワームは、なんと体のなかで電気を発生させ、自分もろともオクトパス・ギガンテウスを感電させた。

4 感電してしまいボロボロになった両者。
オクトパス・ギガンテウスは力をふりしぼって
モンゴリアン・デスワームの上にたおれこむ。

5 さすがのモンゴリアン・デスワームも
オクトパス・ギガンテウスの巨体に
おしつぶされたか…。

オクトパス・ギガンテウス勝利

6 しかしモンゴリアン・デスワームは
砂にもぐってのがれていたのだ。
砂のなかから、とびだすと……
とどめに、毒をはきかけた。

ビシャァァァ

ヒッ
ビッ
シャ

ビクン・・・
ビクン・・・

モンゴリアン・デスワーム勝利

187

最終結果発表！

モンゴリアン・デスワーム優勝

決勝トーナメントの戦い

モンゴリアン・デスワームが、電撃と毒というふたつの強力な武器で勝利した。同じくこがらなチュパカブラも、ワザをいかし3位に。準優勝のオクトパス・ギガンテウスをはじめ、大きさ、パワーで相手を圧倒するUMAたちもそれぞれに活躍を見せ、次回に期待をもたせた。

準優勝

オクトパス・ギガンテウス

3位

チュパカブラ

4位：モケーレ・ムベンベ
入賞：クラーケン・リザードマン・
ビッグバード・ラウ

UMA あいうえお さくいん

登場したUMAをあいうえお順でさがせるよ

➡のあとの数字はそのUMAの紹介のページ数だよ。

アイルランド
F:ドアル・クー➡103

アルプス山脈
E:タッツェルヴルム➡82

イギリス
A:モラーグ➡15
B:オウルマン➡35
C:ネッシー➡50

モンゴル
A:モンゴリアン・
デスワーム➡17

ネパール
D:イエティ➡66

日本
C:ツチノコ➡49

インドネシア
C:オラン・バッチ➡51
F:アフール➡102

ヨーロッパ各地の海
B:クラーケン➡32

オーストラリア
B:ヨーウィ➡33

インド
F:モンキーマン➡100

コンゴ共和国
F:モケーレ・ムベンベ➡101
H:ラウ➡136

ケニア
H:ナンディベア➡137

UMA 出現地さくいん

登場したUMAを出現地といわれる地域でさがせるよ

● ➡のあとの数字はそのUMAの紹介のページ数だよ。

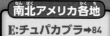

編著者 UMA研究調査隊（ユーマけんきゅうちょうさたい）

世界各地のUMAについて調べている団体。各自が、自分が好きなUMAについて研究調査し、隊として報告をまとめている。パンダやカモノハシもかつてはUMAと考えられていた時代があるように、本書に出てくるUMAにも実在する生物がいるはずだと信じる隊長を中心に活動。ちなみに隊長の好きなUMAはスカイフィッシュとフラットウッズ・モンスターで「彼らの飛行のメカニズムが解明されれば人類の科学は大きな進歩を遂げるに違いない」と語っている。

イラスト	合間太郎（イーループ）、icula、怪人ふくふく、川崎悟司、久保田晃司、坂上暁仁、里見 有、精神暗黒街こう、永井啓太、なんばきび、弥生しろ
デザイン	芝 智之（スタジオダンク）
写真提供	iStock、アフロ、アマナイメージズ、Jason W.、つちのこフェスタ実行委員会事務局（東白川村役場 地域振興課内）、"Tony O'Neill Underexposed – an Irish Photoblog"、ピクスタ、photolibrary
編集協力	酒井かおる・林 太陽（オフィス303）

ちょうじょうけっせん
頂上決戦！
ユーマ　み かくにんせいぶつ　さいきょうおうけっていせん
UMA 未確認生物 最強王決定戦

2020年 7 月10日発行　第 1 版
2024年 7 月25日発行　第 1 版　第 7 刷

編著者	UMA研究調査隊
発行者	若松和紀
発行所	株式会社 西東社 〒113-0034　東京都文京区湯島2-3-13 https://www.seitosha.co.jp/ 電話　03-5800-3120（代）

※本書に記載のない内容のご質問や著者等の連絡先につきましては、お答えできかねます。

ISBN 978-4-7916-2917-6